Proyecto de investigación (Núm. 21YYC008) financiado por
Beijing Social Science Foundation
北京市社会科学基金项目（编号：21YYC008）资助

La ópera de Beijing en español

Song Yang
宋扬 著

La ópera de Beijing en español

© 2024: Song Yang

Publicado por Editorial Neociencia

ISBN: 9788412731996

Recuento de palabras: 180,000

Tamaño de diseño: 6X9(152mmX229mm)

Primera edición: Mayo de 2024

Fecha de publicación: Mayo 2024

Lugar de publicación: Barcelona, España

Impreso en Inglaterra - Printed in England

Prefacio

Este libro es un viaje por el corazón palpitante de una de las tradiciones escénicas más fascinantes de China: la ópera de Beijing. A través de sus páginas, intento tender un puente entre dos mundos aparentemente dispares: la rica herencia cultural de China y el ávido lector de habla hispana, ansioso por descubrir las sutilezas de esta forma artística milenaria.

La ópera de Beijing, con su complejidad estética y su profundo arraigo en la historia y la cultura chinas, ofrece un espectáculo vibrante que combina música, drama, arte y performance. En este libro, presento no solo la historia de la ópera, sino también una mirada detallada a sus roles tradicionales, desde los heroicos *sheng* [生] y las etéreas *dan* [旦], hasta los cómicos *chou* [丑] y los imponentes *jing* [净].

Además, se dedica un espacio especial a figuras icónicas del arte, aquellos artistas que han dejado una huella imborrable en el escenario y en los corazones de la audiencia. Sus historias y contribuciones brindan una visión más profunda de cómo la ópera de Beijing ha evolucionado y se ha mantenido relevante a lo largo de los siglos.

Un aspecto destacado de este libro es la traducción al español de la obra *Silang visita a su madre*, un clásico representativo que ofrece al lector la oportunidad de experimentar directamente el lenguaje y el ritmo de la ópera de Beijing. Esta traducción busca respetar el espíritu original de la obra, al tiempo que la hace accesible y comprensible para los hispanohablantes.

Este libro es, en última instancia, un testimonio de mi pasión por la ópera de Beijing y mi deseo de compartir esta maravillosa forma de arte con un público más amplio. Espero que, al sumergirse en sus páginas, los lectores no solo adquieran conocimientos, sino que también desarrollen una apreciación por la ópera de Beijing que trascienda las barreras culturales y lingüísticas.

Bienvenidos a este viaje estético y cultural a través de una de las joyas de la cultura china.

Song Yang
Universidad de Pekín

Índice

Capítulo 1.
Introducción

La ópera de Beijing, una de las principales formas de drama lírico chino, es un híbrido de numerosas óperas regionales. Aunque no se puede establecer una fecha exacta para su origen, se suele asociar con un suceso cultural o político específico. En 1790, el entonces emperador Qian Long estaba a punto de celebrar su ochenta cumpleaños. Para conmemorar tal ocasión, los funcionarios locales de diversas regiones pusieron en marcha su ingenio para idear ofrendas innovadoras que regalarían al emperador. El gobernador de la provincia de Zhejiang decidió enviar una compañía de ópera regional para entretener al emperador y a la familia real. Esta compañía, originalmente denominada *Tres Celebraciones* [三庆] y originaria de la provincia de Anhui, se renombró posteriormente como compañía Hui [徽　班]. Se considera que la llegada de la compañía Hui a Beijing en 1790 marca el inicio de la ópera de Beijing. En los siguientes 200 años hasta nuestros días, la ópera de Beijing se ha convertido en una forma de arte única de la cultura china gracias a los incesantes esfuerzos de generaciones de artistas.

1. Breve historia de la ópera de Beijing

Como manifestación artística, la ópera de Beijing está íntimamente vinculada a la ciudad de Beijing. Beijing, la capital durante más de 800 años, ha sido el núcleo político de las sucesivas dinastías chinas, comenzando por la dinastía Yuan (1271-1368). Al igual que en otras metrópolis del mundo, ha impulsado el desarrollo de áreas como el comercio, el intercambio cultural y el arte. Durante la dinastía Yuan, un nutrido grupo de distinguidos dramaturgos se congregó en Beijing, siendo el más destacado Guan Hanqing, considerado el patriarca de las artes dramáticas chinas. Guan fue un autor prolífico, con una producción de más de 60 dramas a lo largo de su vida. Muchos de los dramas creados por este conjunto de artistas en menos de 100 años, como *La injusticia a Dou E* [窦 娥 冤] de Guan Hanqing, *La cámara occidental* [西 厢 记] de Wang Pushi, *El huérfano de la casa de Zhao* [赵 氏 孤 儿] de Ji Junxiang, han perdurado hasta nuestros días, convirtiéndose en clásicos del repertorio completo de las óperas chinas. En los siglos siguientes, Beijing se convirtió en un caldo de cultivo para que diferentes óperas regionales compitieran, cooperaran y se fusionaran entre sí, y la ópera de Beijing es el resultado directo de esta amalgama.

1.1. Tres fases del desarrollo

La ópera de Beijing, como forma de arte independiente, no existía antes de 1790. El drama lírico dominante era la ópera Kun [昆 曲], originaria del sur de China. Si bien se realizaban diversas óperas regionales en Beijing, todas eran catalogadas como óperas de flor, un término utilizado por la corte real para referirse a una forma de ópera considerada poco refinada e incluso vulgar. Por su parte, a la ópera Kun se le otorgaba un estatus distinguido debido a su elegancia y sofisticación. El desarrollo de la ópera de Beijing ha pasado por tres fases, todas centradas en la lucha por el estatus oficial que tenía la ópera Kun.

La primera fase del desarrollo fue la competencia entre la ya existente "melodía de Beijing" y la ópera Kun. La "melodía de Beijing" se originó en la provincia de Jiangxi y comenzó a mezclarse con el dialecto local de Beijing, dando lugar a una ópera popular entre la población local. En aquel momento, existían hasta seis grandes compañías de la melodía de Beijing en la ciudad capital, que actuaban tanto para la nobleza como para el público en general. A medida que la melodía de Beijing ganaba popularidad, comenzó a llamar la atención de la corte real. Se intentó fusionar la melodía de Beijing con la ópera Kun, conocida por su estilo refinado y sereno con movimientos lentos. Sin embargo, una vez absorbida por la esfera de la ópera Kun, la nueva forma de la melodía de Beijing comenzó a perder su atractivo para el pueblo.

A medida que su popularidad disminuía, otra ópera regional, la ópera Qin de la provincia de Shaanxi, en el noroeste de China, comenzó a ocupar el espacio dejado por la melodía de Beijing. De hecho, la ópera Qin [秦腔] ya era muy popular en toda China, incluso en Beijing. La caída de la melodía de Beijing, como resultado de su absorción por el control de la corte, dio lugar a la rápida proliferación de la ópera Qin, ya que muchos artistas de la melodía de Beijing se unieron en gran número a las compañías de la ópera Qin y comenzaron a aprender las técnicas de actuación de la ópera Qin. Durante un tiempo, la ópera Qin fue tan popular que incluso los burdeles comenzaron a entretener a sus invitados con actuaciones de la ópera Qin. Pero la unión de fuerzas de los dos géneros líricos produjo algo totalmente inesperado: el proceso de aprendizaje fue en realidad de doble sentido, ya que la ópera Qin absorbió la forma de arte de la melodía de Beijing de tal manera que se convirtió en una forma de arte completamente nueva. Esta forma de arte rápidamente se adueñó de toda la ciudad capital; esta es la segunda fase del desarrollo de la ópera de Beijing, cuando las dos óperas unieron fuerzas para combatir a su competidor común, la ópera Kun. La enorme popularidad de la nueva ópera Qin representaba una amenaza evidente para el estatus de la ópera Kun. Durante un breve período de tiempo, la ópera Kun sufrió una pérdida tan devastadora que los teatros para la ópera Kun estuvieron casi desiertos. Sin embargo, la drástica caída de la ópera Kun llevó a la intervención de la corte. Utilizando el pretexto de una posible ofensa contra la decencia, el principal intérprete de la ópera Qin fue expulsado de la capital. Aun así, el dominio de la ópera Qin no pudo ser alterado, ya que continuó siendo la forma de entretenimiento favorita entre la población hasta la llegada de las tropas Hui.

Fue en pleno auge de las disputas entre la ópera Qin y la ópera Kun cuando arribaron las tropas Hui [徽 班]. Como mencionamos previamente, la primera tropa Hui que llegó a la capital recibió el nombre de Tres Celebraciones [三庆], seguida de Cuatro Felicidades [四 喜] de Suzhou, Escenario de Primavera [春 台] de Yangzhou y Primavera Armónica [和春] de Wu Han. Tradicionalmente, a estas se les conoce como las cuatro grandes tropas Hui [四大徽班]. Dos particularidades distinguen a las tropas Hui de entre todas las demás formas de ópera.

La primera tiene que ver con su adaptabilidad artística. Mientras la mayoría de las óperas se esmeran en consolidar y perfeccionar sus propios estilos artísticos, tendiendo a rechazar las formas propias de otras, lo cual es especialmente notorio en la ópera Kun, la ópera Hui se distingue por su diferencia. Su arte es una síntesis de diversas óperas regionales, en especial la ópera Qin y la ópera Kun. Su actuación no se limita a la provincia de Anhui, sino que se expande a lo largo y ancho del país. Los artistas de la ópera Hui muestran una versatilidad excepcional en la interpretación de todo tipo de habilidades, tanto en canto como en movimientos escénicos. Este estilo diverso en la interpretación y su habilidad para adaptarse hacen que la ópera Hui sea extremadamente atractiva para el público.

La segunda particularidad de las tropas de ópera Hui radica en

su financiamiento. A diferencia de la mayoría de las compañías de ópera de la época, que se sostenían mayormente de los ingresos de la taquilla, las tropas Hui eran financiadas por comerciantes de su provincia natal. Estos mercaderes poseían suficiente riqueza para respaldar a sus propias tropas de ópera, que los acompañarían a dondequiera que fueran a hacer negocios. Esta movilidad no solo exponía a los artistas a diferentes culturas y dialectos de diversas regiones, sino que también les proporcionaba una perspectiva cosmopolita. Mientras que otras compañías de ópera se mantenían mayoritariamente arraigadas a su cultura regional, las tropas Hui se caracterizaban por su mentalidad abierta para absorber las más finas tradiciones de otras formas de arte, dándoles un plus en el perfeccionamiento de sus propias actuaciones. Con el establecimiento de las tropas Hui en la capital, Beijing, comenzaron a desarrollar una forma de arte que, finalmente, daría forma a lo que hoy conocemos como ópera de Beijing.

2. Tres elementos componentes

En la evolución y reconocimiento del arte de la ópera de Beijing, se han determinado tres elementos fundamentales. El primer elemento radica en el apoyo de los emperadores y las familias reales. Ninguna forma de arte, ya sea en China o en el resto del mundo, ha gozado de tanta atención y respaldo financiero por parte de la realeza como la ópera de Beijing. Se estableció una infraestructura administrativa para supervisar el respaldo financiero y logístico a las compañías de ópera de Beijing, que incluía la edificación de teatros en los palacios reales, el patrocinio de representaciones regulares para los miembros de la realeza y la nobleza, así como la concesión de títulos administrativos a los artistas destacados. Además, diversos emperadores y emperatrices participaron activamente en la revisión de los libretos y en la interpretación de escenas episódicas de algunas óperas. Por ejemplo, la poderosa emperatriz viuda Cixi (1836-1908) de la dinastía Qing se encargó personalmente de editar y revisar una antología de dramas operáticos. De los 240 dramas, hasta 105 fueron revisados o adaptados para ser representados en escena. Este matrimonio entre el poder político y una forma artística elevó a la ópera de Beijing a un estatus que ninguna otra forma de arte pudo alcanzar. Esta fusión de dos entidades sociales aparentemente no relacionadas resultó en beneficios mutuos; la ópera de Beijing se benefició claramente, pero el poder político también obtuvo una ganancia inesperada. La mayoría de los dramas revisados se centraban en la lealtad de los súbditos hacia sus soberanos y en la obediencia de los hijos hacia sus padres, dos principios fundamentales del confucianismo que los gobernantes requerían para garantizar su control sobre la población. Y no existía mejor medio para transmitir estos mensajes a la gente común en la calle que una forma de arte tan popular.

El segundo elemento que ha modelado la ópera de Beijing radica en la influencia de las diferentes tradiciones operísticas regionales. Con el establecimiento de las tropas Hui en la capital, comenzaron a desarrollar un arte que fusionaba elementos de varias óperas regionales, especialmente la ópera Qin y la ópera Kun. Esta síntesis de diferentes tradiciones operísticas enriqueció el repertorio y la estilística de la ópera de Beijing, dotándola de mayor diversidad y haciéndola más atractiva para el público. Los artistas de la ópera de Beijing demostraron versatilidad en la interpretación de diversas habilidades de canto y movimientos escénicos, lo que contribuyó a su popularidad y a su capacidad de adaptarse a distintos gustos y preferencias.

El tercer elemento que ha dado forma a la ópera de Beijing es la evolución social y cultural de la propia ciudad de Beijing. Durante siglos, Beijing ha sido el epicentro político y cultural de China, experimentando significativos cambios sociales y culturales. La ópera de Beijing ha reflejado y se ha adaptado a estos cambios, convirtiéndose en un espejo de la identidad y sensibilidad cultural de la ciudad. Ha sabido capturar los cambios en la sociedad y abordar temas y preocupaciones contemporáneas, mientras mantiene su esencia artística y sus tradiciones profundamente arraigadas. Ha evolucionado para mantener su relevancia y aprecio en el siempre cambiante contexto cultural de Beijing.

Estos tres componentes, el respaldo de los emperadores y las familias reales, la influencia de las tradiciones operísticas regionales y la evolución social y cultural de Beijing, han sido fundamentales en la configuración y desarrollo de la ópera de Beijing, distinguiéndola como una forma de arte valorada en la cultura china.

El segundo elemento que ayudó a esculpir la ópera de Beijing fue la élite intelectual, conocida como literatos o letrados funcionarios. Beijing, en su papel de centro político y cultural, atrajo a un gran número de eruditos, altos funcionarios gubernamentales y decenas de miles de estudiantes en busca de oportunidades de progreso. Estos conformaban la élite intelectual y social, que poseía un gusto colectivo por las artes sofisticadas y de alta calidad. Su implicación directa en la mejora de la ópera de Beijing transformó radicalmente esta ópera regional en un arte reconocido a nivel nacional.

Una contribución notable que aportaron fue enriquecer el

repertorio de la ópera de Beijing mediante la composición de nuevos dramas basados en eventos históricos. Antes de su intervención, la mayor parte del programa de la ópera de Beijing se componía principalmente de escenas episódicas de eventos históricos o cuentos populares. Con su profundo conocimiento de la historia china, contribuyeron a la creación de una amplia variedad de obras históricas, la mayoría de las cuales se basaban en eventos históricos conocidos. Como resultado, los dramas previamente dispersos se unieron orgánicamente, permitiendo que un drama durara varias horas en lugar de menos de media hora, como era el caso de la mayoría de los dramas de la época.

Paralelamente, estos eruditos también contribuyeron a afinar las arias principales de las obras tradicionales, haciéndolas estéticamente más poéticas, más expresivas en la representación de personajes y mejorando el acompañamiento musical. Algunos de ellos, que habían estudiado en el Occidente, incluso incorporaron formas artísticas de los dramas occidentales en la ópera de Beijing, incluyendo utilería escénica, acompañamiento musical y luces escénicas.

Un grupo específico de entusiastas de la ópera de Beijing se conoce como "amigos del boleto" [票　友] o aficionados. Pueden ser médicos, abogados o funcionarios gubernamentales que, en su tiempo libre, se congregan en un lugar determinado para interpretar todo tipo de roles en la ópera de Beijing. Esta tradición se ha mantenido hasta nuestros días. Es seguro decir que ninguna otra ópera regional ha logrado atraer a un grupo de aficionados tan dedicado. Algunos de los amigos del boleto estaban tan fascinados por el encanto del arte que dejaban sus empleos para unirse a las compañías de ópera o "lanzarse al mar" [下海].

El último grupo de personas que contribuyó a dar forma a la ópera de Beijing fueron los plebeyos. Este grupo incluía a pequeños comerciantes, soldados rasos, artesanos, residentes habituales de la ciudad, etc. La mayoría de ellos eran analfabetos y algunos incluso no podían permitirse ir al teatro. Para este grupo de espectadores, la ópera Kun, con su ritmo lento y su refinada puesta en escena, nunca fue de su gusto. La adaptabilidad y la versatilidad de la ópera de Beijing fueron su elección natural de entretenimiento.

En el teatro tradicional de la ópera de Beijing, las actuaciones comenzaban por la mañana y se prolongaban hasta la noche. Las representaciones matutinas, denominadas "eje temprano", ofrecían al público algunas escenas menores y episódicas para entretener mientras llegaba el público principal. Las actuaciones principales, conocidas como "eje central", tenían lugar por la tarde, cuando el teatro se llenaba de un público distinguido, incluyendo dignatarios, miembros de familias nobles y celebridades sociales. Esta era la ocasión en la que todos los artistas principales interpretaban sus mejores dramas, incluyendo una obra principal que sería el clímax de todas las actuaciones.

Después, los dignatarios se retirarían a la hora de la cena y el teatro volvería a llenarse tras el anochecer con el público plebeyo que acudía a divertirse después del trabajo. Los artistas ofrecían a este grupo de espectadores los grandes dramas [大 轴], la mayoría de los cuales eran obras históricas y se prolongaban hasta la medianoche. La actitud de este grupo de espectadores hacia la actuación artística era drásticamente diferente a la de sus predecesores que acababan de marcharse. El público de la tarde era mucho más comedido y reservado, no solían expresar sus gustos o disgustos por ciertos intérpretes en el momento. En cambio, el público de la noche era mucho más directo y espontáneo. Aplaudían con entusiasmo a los actores que les gustaban y abucheaban las actuaciones que consideraban imperfectas.

Curiosamente, los artistas eran más receptivos a la actitud de este último grupo de espectadores que a la crítica oficial de los periódicos o los dignatarios. Rápidamente adaptaban sus actuaciones al gusto del público nocturno. Esto explica por qué la ópera de Beijing es una forma de arte apreciada tanto por los plebeyos como por la élite. Desde el respaldo y el sincero apoyo tanto de las familias reales como de la élite social, hasta el entusiasmo apasionado de los hombres comunes, la ópera de Beijing se ha convertido en un arte con el que ninguna otra forma de arte puede competir.

3. Los contribuidores principales

Los que han aportado la mayor contribución al desarrollo de la ópera de Beijing son los propios artistas. A tres de ellos se les atribuye un papel sobresaliente en este sentido, Yu Sansheng [余 三 胜] (1802-1866), Zhang Erkui [张 二 奎] (1814-1860) y Cheng Changgeng [程 长 庚] (1811-1878), comúnmente conocidos como los Tres destacados artistas mayores [三 甲 鼎]. Los tres son intérpretes del papel de *lao sheng* [老 生], un papel que representa a hombres de mediana edad y ancianos. Dado que la mayoría de las llamadas grandes óperas [大戏] se basan en eventos históricos, estos personajes son supuestamente patriarcas, grandes estadistas, guerreros, héroes patrióticos e incluso emperadores.

Cuando la ópera de Beijing estaba en su fase inicial y alcanzaba su apogeo, había muy pocos dramas populares con roles femeninos como protagonistas. Esta situación persistió durante más de

150 años hasta principios del siglo XX, cuando el papel de dan empezó a surgir. Entre los tres artistas mencionados, Cheng es el más reconocido por su contribución al papel de *lao sheng*. No solo recibió el reconocimiento oficial de la corte real y fue el líder de las cuatro tropas Hui, sino que también fue una figura clave en el establecimiento de los fundamentos de la ópera de Beijing en su forma de arte moderna.

Con una sólida base en la ópera Kun, Cheng fue capaz de absorber talentos y habilidades de otras óperas regionales para crear una nueva forma de arte: la ópera de Beijing. No es una afirmación exagerada decir que Cheng es el padre fundador de la ópera de Beijing moderna. Su contribución no solo se basa en su excepcional habilidad interpretativa, sino también en su capacidad para fusionar y elevar las diversas tradiciones operísticas existentes en una forma de arte distinta y reconocida a nivel nacional.

La primera ola de culminación llegó a finales del siglo XIX, cuando surgieron tres artistas jóvenes y destacados a la sombra de la legendaria figura de Cheng Changgeng: Sun Juxian [孙 菊 仙] (1841–1931), Wang Guifen [汪桂芬] (1860–1906) y Tan Xinpei [谭鑫培] (1847–1917). Los tres fueron discípulos de Cheng Changgeng y todos interpretaron el papel de *lao sheng,* los personajes masculinos de mediana edad y ancianos. De los tres, Tan Xinpei fue sin duda el artista más destacado, convirtiéndose en una figura titánica en la consolidación de un estilo específico de arte escénico: la escuela de Tan.

Al igual que su maestro, Tan tenía un talento excepcional para absorber diferentes estilos de interpretación de otras óperas, incluyendo la reforma del estilo de canto heredado de su maestro, Cheng Changgeng. El estilo de canto de Cheng se caracterizaba por su sonoridad y expresividad directa, adecuado para retratar personajes masculinos con una disposición audaz e intrépida. No obstante, cuando se trataba de representar personajes de ánimo reflexivo o melancólico, el estilo tradicional de canto claramente no era apropiado. Fue Tan quien ingeniosamente fusionó el estilo tradicional con el estilo de la ópera Han, una forma de arte originaria de la provincia de Hubei en el área del río Yangtsé, destacada por su suavidad y elegancia.

A través de cuantos ensayos y errores, Tan logró crear un estilo de canto, que lleva su nombre, que es vibrante, melodioso y pleno, estéticamente armonioso y artísticamente expresivo. Tan también fue responsable de establecer el sistema de melodías en la ópera de Beijing, tanto en el canto como en el discurso en verso. Este sistema se basa en la entonación del dialecto de Hubei y en la melodía de la región central de China. Si Cheng Changgeng es considerado el padre fundador de la ópera de Beijing como forma de arte, Tan Xinpei es el creador de su sistema melódico.

Todo el desarrollo posterior de la ópera de Beijing sigue este sistema melódico, que continúa evolucionando hasta el día de hoy. Sin lugar a dudas, Tan es el precursor de todos los estilos de canto de laosheng; no importa lo variados que sean, todos derivan de la escuela de Tan. Con Tan como fuerza impulsora, talentosos artistas en todos los roles de interpretación de la ópera de Beijing florecieron en toda China, creando la primera ola de esplendor con el *lao sheng* como papel principal en todo el repertorio.

Sin embargo, la contribución de Tan al repertorio de la ópera de Beijing, por significativa que sea, es incompleta, ya que un drama operístico no puede alcanzar la perfección sin un papel femenino destacado. Pero en su época, la mayoría de los roles femeninos eran considerados inferiores en comparación con los roles masculinos, y no existían grandes óperas donde los personajes femeninos desempeñaran un papel principal. Esto se debe a tres factores que contribuyeron a esta notable ausencia.

El primero de ellos se puede atribuir al gusto del público por los grandes dramas, la mayoría de los cuales, como se mencionó anteriormente, son obras históricas en las que los roles principales son predominantemente masculinos. Con algunas excepciones, la historia china carece de mujeres que hayan desempeñado un papel dominante en eventos históricos cruciales. Como resultado, los dramas históricos adaptados a partir de la historia no presentaban heroínas como protagonistas.

Desde muy joven, Mei fue expuesto a diferentes formas de artes escénicas, lo que le permitió desarrollar un sentido agudo de la música y una gran habilidad para la actuación. Entró en el mundo de la ópera a una edad temprana y, debido a su talento excepcional y a la intensa formación que recibió de sus mentores, rápidamente se convirtió en una figura destacada en el mundo de la ópera.

Mei Lanfang se destacó por su interpretación del papel de dan, el rol femenino en la ópera de Beijing. Transformó este papel, que hasta entonces había sido representado de una manera muy estereotipada, en una figura rica y compleja, capaz de expresar una gama completa de emociones y estados de ánimo. Su actuación era exquisita y conmovedora, y su canto, poderoso y emotivo. Además, introdujo una serie de innovaciones técnicas y estéticas que revolucionaron el arte de la ópera de Beijing.

Una de las mayores contribuciones de Mei al desarrollo de la ópera de Beijing fue la creación de un nuevo sistema de canto y actuación, conocido como el estilo Mei. Este estilo es conocido por su suavidad y elegancia, su emocionalidad intensa y su expresividad dramática. Es un estilo que pone gran énfasis en la interpretación y la expresión de las emociones internas de los personajes. Esta innovación no solo enriqueció enormemente el arte de la ópera de Beijing, sino que también elevó el papel de dan a un nuevo nivel de importancia y popularidad.

A pesar de que enfrentó muchas dificultades y desafíos en su carrera, incluyendo la oposición de los tradicionalistas y la presión de adaptarse a las cambiantes demandas del público, Mei nunca se desvió de su visión artística y su compromiso con la excelencia. A lo largo de su vida, trabajó incansablemente para promover y desarrollar la ópera de Beijing, y su legado sigue vivo en la actualidad.

En conclusión, la ópera de Beijing es una forma de arte vibrante y en constante evolución que ha sido moldeada y enriquecida por una serie de artistas talentosos y visionarios. Desde Cheng Changgeng y Tan Xinpei hasta Mei Lanfang, estos artistas han hecho contribuciones invaluables a la ópera de Beijing, contribuyendo a su riqueza, diversidad y vitalidad. Su legado sigue inspirando y guiando a las generaciones actuales de artistas de la ópera de Beijing, que continúan buscando nuevas formas de expresión y explorando nuevas posibilidades artísticas.

La contribución de Mei al arte de la ópera de Beijing es revolucionaria. En primer lugar, jugó un papel crucial en elevar el papel de dan a la misma altura artística que el *lao sheng*. Antes de Mei, la ópera de Beijing estaba fuertemente inclinada hacia dramas dominados por hombres, lo que no resultaba atractivo para la gran cantidad de mujeres en el público. Casi en solitario, creó una amplia gama de dramas operísticos con personajes femeninos como protagonistas. Esto implicó reescribir muchos dramas tradicionales para acentuar o centrarse en el papel de los personajes femeninos. Además, requirió la creación de nuevos dramas con ideas frescas que estuvieran en sintonía con la evolución de la sociedad.

Durante sus visitas a Shanghai en 1913 y 1914, Mei observó un nuevo estilo de vida que impactó en las artes escénicas. Los llamados nuevos dramas, con innovadores decorados de escenario, dispositivos de iluminación, vestuario novedoso y, sobre todo, contenido completamente nuevo, lo impresionaron enormemente. A su regreso, Mei escribió que regresaba de Shanghai con una nueva comprensión. Los antiguos dramas que estamos representando ahora todos se derivan de eventos históricos. Aunque algunos de esos dramas históricos son atractivos para el público desde el punto de vista educativo, no son tan atractivos para nuestro público como los nuevos dramas. Los nuevos dramas seleccionan temas contemporáneos y eventos actuales como contenido, lo que tendrá un efecto mucho mayor que los dramas tradicionales, ya que el público puede relacionar fácilmente lo que ve en el escenario con sus propias vidas.

En un breve lapso de veinte años, la ópera de Beijing presenció un aumento drástico en su repertorio con nuevos dramas creados en una amplia variedad de categorías. Estos incluían obras históricas revisadas, nuevos dramas y dramas basados en folclore y leyendas. Además de expandir el repertorio, Mei también revolucionó el estilo de canto del papel de dan. Anteriormente, el papel de dan se centraba exclusivamente en el canto, y los artistas permanecían sentados o de pie en el escenario con movimientos corporales mínimos, si los había. La reforma de Mei en este sentido les dio vida a los personajes, haciendo que se movieran y bailaran al ritmo del canto. Incorporó las danzas de la ópera Kun en estos nuevos dramas, permitiendo que los intérpretes cantaran y bailaran simultáneamente. Mei personalmente inventó más de treinta danzas que se utilizarían junto con las arias de canto. Ninguna persona ha hecho una contribución tan significativa para enriquecer y expandir la ópera de Beijing como Mei Lanfang.

Sin embargo, Mei no es, ni mucho menos, la única estrella de este periodo. Fue una época en la que cientos de escuelas competían y se complementaban entre sí, con artistas de todos los roles luchando por el protagonismo. El desarrollo más destacable fue el ascenso a la supremacía de los artistas del papel de dan. En 1925, un periódico de Beijing realizó una encuesta entre sus lectores para elegir a los mejores actores de *dan*, que resulta elegidos Mei Lanfang, Cheng Yanqiu, Xun Huisheng y Shang Xiaoyun como los *Cuatro grandes actores de dan* [四大名旦]. En conjunto, elevaron el papel de dan al mismo estatus artístico, si no superior, que el de laosheng. Durante algún tiempo, los dramas con dan como papel principal se convirtieron en los más populares entre el público. Sería acertado afirmar que la segunda ola de desarrollo culminó con el dominio de los actores de *dan*, y muchos talentosos artistas siguieron sus pasos.

No obstante, el papel de *lao sheng*, con sus ciento cincuenta años de tradición, no podía ser fácilmente minimizado, mucho menos desestimado. De hecho, este periodo también presenció el rápido desarrollo de diferentes escuelas de estilos de *lao sheng*. Paralelamente a los *Cuatro grandes actores de dan*, también existían los *Cuatro grandes actores de lao sheng*: Ma Lianliang, Tan Fuying, Yang Baosen y Xi Xiaobo. Aunque todos ellos fueron estudiantes de Tan Xinpei, lograron desarrollar estilos de actuación tan diversos que llegaron a establecer sus propios estilos únicos, que serían seguidos por artistas posteriores. Pero el ascenso del papel de dan sin duda capturó la esencia de la época. La ópera de Beijing estaba destinada a convertirse en una forma de arte integral de resonancia mundial gracias a los esfuerzos colectivos de estos artistas.

La tercera ola comenzó con la fundación de la República Popular en 1949. Si tuviéramos que usar una palabra para describir este periodo de desarrollo cultural, sería reforma, principalmente en tres áreas. La primera área de reforma se centró en el repertorio, con significativas adiciones y supresiones. Todos los dramas previos, especialmente los tradicionales, fueron sometidos a un riguroso escrutinio y aquellos que promovían el terror bárbaro, el erotismo y la ética de la esclavitud fueron eliminados. Aquellos con temas de patriotismo, heroísmo, lucha contra la agresión extranjera y amor por la justicia y la libertad se mantuvieron y fueron desarrollados. Desde 1950 hasta 1953, se revisaron o reescribieron más de 100 óperas.

La segunda reforma se centró en los artistas. Durante sus ciento setenta años de historia, los artistas de la ópera de Beijing, al igual que los de todas las óperas regionales, eran considerados artistas vulgares, despreciados tanto por las élites sociales como por la gente común. A pesar de que algunos artistas gozaban de una enorme popularidad, su estatus social era tan bajo como el de una prostituta. Sin embargo, todo cambió a mejor para los artistas cuando el nuevo gobierno elevó enormemente su estatus social de artistas vulgares a artistas del pueblo. Algunos de ellos, como Mei Lanfang, incluso fueron promovidos a puestos de liderazgo nacional, algo impensable en el pasado. Los artistas dejaron de ser simplemente entretenedores y asumieron la responsabilidad de promover la llamada cultura saludable entre la población. Como artistas de la vieja sociedad, también se esperaba que se adaptaran a la nueva era y asumieran nuevas responsabilidades sociales.

La tercera reforma consistió en remodelar las organizaciones artísticas existentes, incluyendo la abolición de las reglas y regulaciones de las antiguas compañías de ópera. Una regla en particular, una de las primeras en ser abolida, fue la llamada "adopción de niñas". Las niñas jóvenes eran vendidas a las compañías de ópera para ser criadas y entrenadas para interpretar roles de dan. Durante el período contractual, que duraba hasta que las niñas eran lo suficientemente mayores para actuar, estas niñas adoptadas no tenían control sobre sus propias vidas, sino que debían ser completamente obedientes a la voluntad de la dirección.

Las tres reformas tuvieron un efecto muy positivo tanto en la forma artística como en los artistas. En los primeros 17 años desde la fundación de la nueva República, la Ópera de Beijing floreció, expandiendo en gran medida su repertorio con dramas tradicionales adaptados y con nuevas obras, elevando el arte a un nuevo nivel en el que tanto los artistas mayores como los jóvenes podían desplegar su talento al máximo y haciendo que el antiguo arte fuera accesible para el mundo. Aunque la ópera de Beijing sufrió un breve retroceso durante la Revolución Cultural (1966-1976), su resurgimiento fue rápido. En los últimos treinta años, la Ópera de Beijing ha vuelto a florecer, tanto ampliando su repertorio como incorporando nuevos talentos al arte.

Hace doscientos años, los padres fundadores de la ópera de Beijing llegaron a la ciudad con una mentalidad abierta para acoger todas las formas de arte y con una dedicación total a la perfección artística. Ese mismo espíritu ha sido transmitido a las generaciones sucesivas de artistas, convirtiendo a la ópera de Beijing en un arte de renombre mundial.

El repertorio de la ópera de Beijing consta de más de 5000 libretos conocidos. Aunque cualquier intento de categorizar estas obras de manera particular se consideraría arbitrario, es útil y necesario presentar una clasificación razonable del repertorio completo para que los lectores interesados en el arte puedan identificar fácilmente las principales divisiones de las actuaciones artísticas. En términos generales, la ópera de Beijing se puede clasificar en las siguientes categorías: dramas históricos, dramas éticos, historias de amor, obras psicológicas y dramas que enfatizan las virtudes femeninas.

4. Categorías de la ópera de Beijing

4.1. Drama histórico

Dentro del extenso repertorio de la ópera de Beijing, los dramas más conocidos y populares son los llamados grandes dramas. La mayoría de ellos son dramas en serie basados en eventos históricos registrados en documentos históricos o en obras literarias de historia. En general, los dramas que representan eventos de la dinastía Shang (1600 a.C. - 1027 a.C.) se basan principalmente en *La investidura de los dioses* de Xu Zhonglin de la dinastía Ming. Aquellos que abarcan los períodos de la Primavera y el Otoño (770 a. C. - 476 a. C.) y los Estados Combatientes (475 a. C. - 221 a. C.) se basan en la obra literaria *Romance de los Estados de la Zhou Oriental* de Cai Yuanfang de la dinastía Qing. Los dramas que describen eventos de las dinastías Qin (221 a.C. - 207 a.C.) y Han (206 a.C. - 220 d.C.) se basan en dos fuentes, *Los registros del Gran Historiador* de Sima

Qian y *El romance de los Tres Reinos*, una novela de Luo Guanzhong. Además, aquellos que ilustran la historia de las dinastías Tang (618-907) y Song (960-1129) se basan en *A la orilla del río* y otras populares historias verbales.

No obstante, todos estos dramas históricos comparten una característica común: representan eventos que ocurren en momentos de gran agitación, como cambios de dinastía, levantamientos campesinos o invasiones de poderes extranjeros. La razón por la que estos dramas resultan más atractivos para el público que otros radica en el deseo colectivo de presenciar la aparición de héroes y salvadores. La larga historia de China está marcada por guerras y catástrofes que han sumido al pueblo en la miseria. Al ser demasiado humildes para salir de esta miseria por sí mismos, los plebeyos depositan sus esperanzas en grandes héroes que los rescaten. Los héroes representados en el escenario, aunque sean ficticios, ayudan a satisfacer este anhelo, el deseo de castigar el mal y recompensar el bien.

Dentro de todos los períodos históricos, dos fuentes son especialmente populares para los dramas históricos: el período de los Tres Reinos al final de la dinastía Han Oriental y la dinastía Song, considerada una de las dinastías más débiles en la historia de China debido principalmente a las constantes invasiones extranjeras.

Durante el período de los Tres Reinos, Wei en el norte, Shu en el suroeste y Wu en el sur, surgieron como poderes en competencia cuando hubo un vacío de poder al final de la dinastía Han Oriental (25-220 d. C.). Los emperadores de los tres reinos llegaron al poder a través de sus esfuerzos conjuntos para reprimir una rebelión armada campesina. En un lapso de 60 años, estos tres poderes se disputaron la supremacía para gobernar todo el territorio chino. Lo que atrae al público son las estrategias y tácticas utilizadas por cada poder para superar a los otros dos, junto con el heroísmo y carisma personal de los individuos involucrados. Hay al menos 150 dramas basados en este período, muchos de los cuales pertenecen a la categoría de grandes dramas.

De todas las figuras históricas de este período, dos capturan la imaginación tanto del público como de los dramaturgos: Zhuge Liang, el primer ministro y estratega del reino de Shu, y Guan Yu, un guerrero también de Shu. La figura histórica de Zhuge Liang es sinónimo de sabiduría y lealtad en China. Su influencia se puede sentir en los detalles de la cultura china, desde la política y la armonía étnica hasta el lenguaje y el arte. Zhuge Liang ha sido venerado a lo largo de la historia de China desde su muerte, y se han construido al menos 80 templos en su memoria solo en las regiones del suroeste. Las personas lo adoran por su gran talento, su visión de largo alcance y su lealtad.

Otra figura venerada es Guan Yu. Como general del reino de Shu, es conocido por sus habilidades militares superiores, su lealtad al soberano y su adherencia al código de hermandad. Al igual que Zhuge Liang, ha sido adorado como un dios de la lealtad y la valentía. Las personas en toda China construyen templos en su nombre y su estatua es venerada en los hogares de la gente común. Estas dos figuras legendarias se han convertido en fuentes inagotables para todos los dramas regionales, incluida la ópera de Beijing. Se estima que más de dos tercios de los 150 dramas de los Tres Reinos tienen a Zhuge Liang como protagonista principal, y se ha creado un género específico llamado dramas de Guan Yu.

Otra fuente de dramas históricos proviene de los eventos de la dinastía Song (960-1279), una época marcada por la humillación debido a las invasiones extranjeras. En tiempos de guerra y crisis nacional, surgen héroes y guerreros patrióticos dispuestos a sacrificar sus vidas por la salvación de la nación. Dos de estos guerreros se destacan como representantes del heroísmo y patriotismo: Yang Jiye y Yue Fei.

La historia de Yang Jiye (?-992) se basa en una obra literaria llamada *Los guerreros de la familia Yang*. Como general, a Yang se le encomendó la defensa de una fortaleza con un gran ejército. Junto a él estaban sus ocho hijos, todos valientes guerreros. En una feroz batalla contra los invasores extranjeros, su ejército fue abrumado por las fuerzas enemigas; sus hijos lucharon hasta la muerte o fueron capturados por el enemigo. Yang Jiye luchó hasta el último hombre y finalmente se suicidó. Con la pérdida de todos los miembros varones de la familia, la esposa de Yang Jiye, a la edad de cien años, tomó el mando de un ejército en el que había doce guerreras, todas ellas viudas de sus hijos, nietos y bisnietos.

La historia de la familia Yang ha inspirado al pueblo chino durante siglos. Su lealtad al país y su espíritu de sacrificio, heroísmo y patriotismo están arraigados en la cultura china, y sus historias se convierten en una fuente inagotable para adaptaciones artísticas en todas las óperas regionales. En la ópera de Beijing, se pueden encontrar al menos 28 óperas vinculadas directamente con la familia Yang.

Estas historias históricas de la dinastía Song y la familia Yang resuenan profundamente en la conciencia colectiva de China, ya que representan el espíritu indomable del pueblo chino frente a la adversidad y la opresión extranjera. Los dramas basados en estos eventos históricos siguen cautivando al público y sirven como un recordatorio del heroísmo y la valentía que han forjado la identidad nacional china.

4.2. Dramas éticos

La historia del general Yue Fei (1103-1142) es más factual que ficticia. Nacido en una familia humilde, ascendió al rango de comandante militar y triunfó en numerosas batallas feroces contra invasores extranjeros. Sin embargo, el primer ministro de la corte comenzó a conspirar con el enemigo buscando una tregua, y Yue y su ejército se convirtieron en un obstáculo evidente. Se le ordenó retirarse del frente, fue encarcelado bajo cargos falsos y, posteriormente, ejecutado junto a su hijo. Tras su muerte, la gente erigió templos en su honor por toda China; el más célebre se encuentra en Hangzhou, donde se congregan multitudes para honrar su patriotismo y heroísmo. En la entrada del templo, dos estatuas de metal, ambas arrodilladas con la cabeza gacha, representan al primer ministro que persiguió a Yue Fei y a su esposa. Se encuentran allí para expiar los crímenes cometidos hace mil años y están destinadas a ser objeto de escarnio y desprecio por parte de turistas y locales por los siglos venideros.

En efecto, los dramas históricos conforman un vasto y rico repertorio en la ópera de Beijing, con un sinnúmero de obras que se inspiran en eventos históricos que abarcan más de tres mil años de la historia china. Estas piezas han cautivado a las audiencias durante siglos, ilustrando las batallas, el heroísmo y los conflictos de diversos periodos y personajes históricos. Historias de emperadores, generales, guerreros y otros personajes destacados cobran vida en el escenario, transportando al público a diferentes épocas y proporcionando una visión de la rica herencia cultural de China. La adaptación y representación de estos dramas históricos sigue siendo una parte esencial de la ópera de Beijing, demostrando el encanto imperecedero y la excelencia artística de esta forma de arte tradicional.

La obediencia incondicional hacia los padres es otro principio moral único en China, sin parangón en ningún otro lugar del mundo. Según este principio, se nos debe todo a nuestros padres, quienes nos dieron la vida, y, por lo tanto, estamos obligados a obedecer sus peticiones sin cuestionamientos. Pueden surgir conflictos entre la lealtad hacia el soberano y la obediencia a los padres. Según Confucio, un hijo joven no debería alejarse si sus padres están vivos, y menos aún si están enfermos. Sin embargo, cuando la nación requiere que los jóvenes se levanten para defender al país de invasores extranjeros, se enfrentan a un dilema entre ambos deberes. Aunque es probable que opten por abandonar el hogar para servir a su país, el sentimiento popular suele favorecer a aquellos que demuestran piedad filial en su máxima expresión. Esto es especialmente cierto en relación a la piedad filial hacia la madre, y los fuertes lazos entre madres e hijos se reflejan en muchos dramas tradicionales.

La castidad es otra virtud exaltada en las óperas de Beijing. Este es un código moral destinado a las mujeres, especialmente cuando sus esposos están ausentes, ya sea prestando servicio a la nación o en compromisos comerciales. Se espera que las esposas mantengan su castidad. La situación se vuelve aún más compleja cuando el esposo desaparece, por ejemplo, en batalla o capturado por el enemigo; la esposa nunca puede solicitar el divorcio ni volver a casarse. Aunque hoy día se percibe una marcada desigualdad en esta visión, en la sociedad feudal se consideraba norma, y la castidad es enaltecida como una virtud en muchas óperas de Beijing.

El código de la hermandad, aunque quizás no sea una traducción precisa del concepto chino de *yi*, ofrece una aproximación. Es una cualidad que se manifiesta únicamente entre hombres: lealtad hacia amigos y hermanos, o el sacrificio de los propios intereses, incluyendo la vida, para ayudar a otros en circunstancias difíciles.

4.3. Historias de amor

El amor, como tema universal, es una fuente inagotable para la ópera de Beijing, y la mayoría de las historias se basan en obras literarias. No obstante, el género de la historia de amor tiene características únicas derivadas de la cultura china. Dado que en la antigua China todos los matrimonios eran arreglados por los padres, los jóvenes no tenían la libertad de decidir sobre sus propias vidas. Por ende, la mayoría de las historias de amor representadas en la ópera de Beijing y en otras óperas regionales implican una rebelión contra los matrimonios concertados. Este espíritu de rebeldía se manifiesta en tres áreas principales.

La primera es la historia de amor entre personas comunes. A menudo, estas tramas culminan en tragedia. Un hombre ingrato, ya sea un soltero o un esposo, abandona a sus seres queridos cuando sale de casa, obtiene un alto cargo mediante los exámenes imperiales y contrae matrimonio con una mujer proveniente de una familia rica y noble. El destino de las mujeres que quedan atrás es desdichado, ya sea que opten por el suicidio o se conviertan en viudas vivientes por el resto de sus vidas.

La segunda área engloba diversos tipos de historias de amor en las que una mujer de alta cuna se enamora de un hombre de extracción humilde, desafiando la voluntad de sus padres. Sin embargo, gracias a su persistencia y, en la mayoría de los casos, a que el hombre demuestra su valía, la pareja termina casándose y vive felizmente para siempre.

La tercera área alude principalmente al amor entre soberanos y las mujeres que los aman. En muchos casos, este amor también culmina en tragedia. Dos de las óperas más populares en este ámbito son *Una concubina ebria* y *Adiós, mi concubina.*

Estas historias de amor en la ópera de Beijing reflejan las complejidades y desafíos del amor en la sociedad tradicional china, donde las restricciones sociales y los matrimonios arreglados eran la norma. A través de estos dramas, se exploran temas de rebeldía, lealtad, sacrificio y el poder del amor en situaciones adversas, proporcionando al público una experiencia emocionalmente intensa y una mirada a las tensiones entre el individualismo y las expectativas sociales.

4.4. Dramas psicológicos

Este tipo de drama puede dividirse aproximadamente en tres categorías: sueños, embriaguez y locura. Es interesante destacar que estos dramas fueron creados sin el beneficio de las teorías psicológicas modernas, aunque podrían encajar fácilmente en el marco de las teorías freudianas.

Los dramas de sueños son numerosos, y el más notable es *El pabellón de las peonías.* En esta obra, toda la trama se basa en un sueño de la protagonista femenina, quien sueña con un encuentro fortuito con un apuesto joven y su posterior romance. Dado que lo que ha soñado es algo sin precedentes, se puede interpretar como la manifestación de algo freudiano. Otro tipo de drama de sueños es aquel que predice lo que sucederá o lo que ha sucedido. En cualquier caso, lo que ocurre suele ser algo ominoso y trágico en lugar de agradable.

El estado de embriaguez, la segunda subcategoría, es el efecto del alcohol que genera un trastorno temporal en el sistema nervioso de una persona. La dramatización de este estado mental en un drama busca mostrar el verdadero lado de la naturaleza humana, ya sea en forma de absurdidad o de una belleza sublime. El mejor ejemplo nuevamente es *Una concubina ebria*, que muestra el lado hermoso de una mujer sexualmente reprimida.

La última subcategoría, la locura, puede ser real o simulada. El estado de locura puede liberar a una persona de sus comportamientos normales, que están estrictamente controlados por las leyes sociales y los códigos morales prescritos por una determinada sociedad. Esto es especialmente cierto para los personajes femeninos en la China feudal. De esta forma, los artistas pueden mostrar al público los desarrollos psicológicos de un personaje que normalmente no se observarían en la vida cotidiana. El drama más famoso sobre la locura es *La pagoda universal*, en el que la protagonista femenina acusa públicamente y sin consecuencias tanto al emperador como a su propio padre de sus maldades, ya que se cree que está loca.

Los dramas que enfatizan las virtudes femeninas conforman una categoría importante en la ópera de Beijing, y aunque algunos de ellos son de óperas tradicionales, la mayoría surgieron con el desarrollo del rol de danza en la segunda ola de evolución del género. Todos ellos representan virtudes femeninas, algunas universales y otras específicas de la cultura china. Dentro de este género, se pueden identificar cinco subcategorías principales.

El primer grupo ilustra la figura de destacadas madres, quienes desempeñan un papel crucial tanto en la crianza de sus hijos como en momentos de crisis. Dos ejemplos notables son Shetaijun, esposa de Yang Jiye, y la madre de Yue Fei. Con cien años de edad, Shetaijun asumió el liderazgo de un gran ejército para combatir a los invasores del norte, mientras que la madre de Yue Fei tatuó "Sé leal a tu país" en la espalda de su hijo a punto de partir al frente. Estas madres demuestran estar dispuestas a sacrificar todo por el bien de su patria.

El segundo grupo de dramas destaca a las mujeres guerreras, tanto en la vida real como en historias legendarias. Surgen, una vez más, en tiempos de guerra, y sus actos heroicos son mejor ejemplificados en la defensa de China. Uno de los dramas más famosos es *Mu Guiying toma el mando* [穆桂英挂帅]. Mu Guiying, nuera de Yang Jiye, asumió el mando del ejército cuando su esposo y todos los miembros masculinos de la familia Yang perecieron luchando contra los invasores. Otro drama que resalta este mismo tema es *Hua Mulan* [花木兰], una figura legendaria que lidera un ejército contra fuerzas bárbaras.

El tercer conjunto de dramas femeninos se centra en mujeres que osan desafiar los códigos feudales establecidos y las normas culturales. Un ejemplo es Li Xiangjun, una cortesana en *El abanico de flor de durazno* [桃花扇], encarna el patriotismo extremo en medio del declive de la dinastía Ming, pese a su bajo estatus social. Sus acciones contrastan fuertemente con las de altos funcionarios que solo se preocupan por sus propios intereses personales.

Estos dramas subrayan el papel y las virtudes de las mujeres en la sociedad china, poniendo de manifiesto su valentía, sacrificio y desafío a las normas establecidas. A través de estos personajes femeninos, se transmiten valores como la lealtad, el patriotismo y la valentía, desafiando las expectativas de género y las restricciones sociales.

El cuarto grupo de dramas femeninos retrata a mujeres legendarias perdidamente enamoradas. Estos personajes pueden

ser individuos históricamente documentados o figuras míticas. Un ejemplo destacado es Yu Ji en *Adiós, mi concubina* [霸王别姬], quien es la concubina del emperador del Estado de Chu. Su amor por el emperador es tan profundo que, al verse el ejército del emperador rodeado y sin esperanza de escape, se corta la garganta con una espada y muere en sus brazos. Otro ejemplo es Bai Suzhen en *La leyenda de la serpiente blanca* [白 蛇 传], una serpiente reencarnada que desciende a la tierra en busca del amor humano. Su amor por su esposo es tan grande que arriesga su vida para rescatarlo cuando está en peligro. Estos personajes muestran una dedicación inquebrantable en su búsqueda de la felicidad, sin considerar las consecuencias. Su sacrificio por amor es más profundo de lo que los hombres pueden ofrecer a cambio. En contraposición, los personajes masculinos en estos dramas a menudo aparecen como más débiles, menos significativos y de menor importancia que sus contrapartes femeninas, sirviendo como un contraste destacado.

El quinto grupo de dramas femeninos se refiere a mujeres que ejemplifican la piedad filial. Mayormente, los personajes representados en este grupo son mujeres casadas cuyos esposos están ausentes. Dichas mujeres asumen la responsabilidad de servir a sus suegros en ausencia de sus esposos. Un ejemplo clásico es el drama *La historia de pipa* [琵 琶 记], donde la protagonista es una mujer casada cuyo esposo se va para presentar los exámenes imperiales en la ciudad capital. Durante su ausencia, la región en la que vive sufre una sequía devastadora, resultando en la muerte de miles de personas, incluyendo a su suegra. Ella atiende con diligencia a su suegra enferma y, tras su muerte, emprende un viaje hasta la capital para buscar a su esposo, llevando una pipa - un instrumento musical- a la espalda, solo para descubrir que él se ha casado con la hija de una familia adinerada. El drama retrata las dificultades y tribulaciones que enfrenta en su camino hacia la capital.

Estos dramas realzan las virtudes femeninas en diversos contextos, desde el amor incondicional hasta la piedad filial, evidenciando la dedicación y los desafíos que las mujeres enfrentan en la sociedad china. A través de estos personajes, se transmiten valores como el sacrificio, la lealtad y la valentía, y se exploran las complejidades de las relaciones y los roles de género en la cultura china.

Es cierto que, además de los dramas tradicionales, existe una gran diversidad de dramas modernos en la ópera de Beijing. Estos abordan temas contemporáneos, ofreciendo frecuentemente una visión renovada de las historias tradicionales. La adaptación de las obras clásicas con un enfoque contemporáneo atrae al público actual y enriquece el repertorio de la ópera de Beijing.

Los dramas modernos proporcionan una perspectiva fresca y actualizada de la sociedad y los desafíos de nuestros tiempos. Abordan temas como los retos de la vida urbana, los conflictos generacionales, los cambios sociales y culturales, y los dilemas éticos y morales de la sociedad moderna. Estos dramas reflejan las inquietudes y vivencias de la audiencia contemporánea, estableciendo una conexión más estrecha con el público actual.

La inclusión de dramas modernos en el repertorio de la ópera de Beijing ha permitido que este arte tradicional se mantenga relevante y atractivo para las audiencias contemporáneas. Estas nuevas obras aportan una variedad de temas y estilos, ampliando las posibilidades creativas y asegurando la evolución continua de la ópera de Beijing en el contexto moderno.

Capítulo 2.

Los roles de la ópera de Beijing

En la historia de la ópera de Beijing, han surgido aproximadamente 5,300 obras, de las cuales más de mil todavía se representan en la actualidad. Todas estas obras se interpretan mediante distintos tipos de roles, agrupados claramente por género, edad, ocupación, estatus social y rasgos de carácter. La eficacia de la ópera china proviene de su relación más amplia con otras formas dramáticas, desde ceremonias de adoración hasta actuaciones para entretener a los dioses, escenificaciones para la catarsis y la educación de la población a través de la transmisión de la cultura. Para lograr estos objetivos, era necesario emular la vida cotidiana de las personas. La vida consiste en un rico tapiz de individuos: los buenos que sienten ira, tristeza y alegría y viven entre mentirosos, malvados y vergonzosos. A través del uso del lenguaje y la música, el drama narra los cambios en la población y su entorno. Se describe la vida, se representa el sabor, se destaca a los desfavorecidos, se castiga el mal y se recompensa el bien. Con lo que pasó, se confirma el presente y se predice el futuro, y a través de esto, la ópera mejora su función artística y social.

Después de los períodos primitivos en la historia del drama, este maduró durante la dinastía Song gracias a la aparición del *song za ju* [宋 杂 剧], una especie de sainete cómico. Esta madurez coincidió con la aparición de cinco roles básicos, incluyendo *mo ni* [末泥], *yin xi* [引戏], *fu jing* [副净], *fu mo* [副末] y *zhuang gu* [装狐]. Estos tipos de roles fueron desarrollados y perfeccionados durante la dinastía Qing. El *Registro de Placer en Yangzhou*, escrito por Li Dou durante el reinado de Qianlong, destacó cómo una "pieza comenzaba con el *fumo* que abría la obra. Junto con el *fumo*, había seis otros roles masculinos, incluyendo *lao sheng* [老生], *zheng sheng* [正生], *lao wai* [老外], *da mian* [大面], *er mian* [二面] y *san mian* [三

面]". La obra también presentaba cuatro roles femeninos: *lao dan* [老旦], *zheng dan* [正旦], *Xiao dan* [小旦] y *tie dan* [贴旦]. Además, había un payaso llamado *za* [杂]. Estos roles son generalmente conocidos como los doce roles de la ópera. Estos tipos de roles formaron la base de la ópera Kun, uno de los géneros más antiguos de la ópera de China, que a su vez influyó en la formación de los tipos de roles en la ópera de Beijing. Desde mediados del siglo XIX hasta principios del siglo XX, la ópera de Beijing, un nuevo tipo de teatro musical, hizo su entrada en el escenario de Beijing, la capital de la dinastía Qing, nutrida por formas de óperas locales como Hui [徽剧], Handiao [汉调], Kun [昆曲], Bangzi [梆子] y Jingdiao [晋调]. Durante el largo curso de su práctica artística, la ópera de Beijing nunca dejó de aprender y absorber los logros de otras óperas chinas. La ópera de Beijing estableció nuevas formas y estilos de actuación, términos artísticos y sistemas de programación. Esto fue especialmente evidente en la caracterización, donde se destilaron cuatro roles básicos: *sheng* [生], *dan* [旦], *jing* y *chou* [丑], cada uno con su propia artesanía única.

Después de la división de los roles de actuación, los actores individuales pudieron concentrarse en aprender los requisitos específicos, atributos y características de su tipo de rol. Al dominar las habilidades de canto y actuación requeridas por su rol y al combinar actores de diferentes tipos de roles, se creó un espectáculo completo para entretener y educar al público. Esto permitió que la ópera de Beijing lograra su estatus cultural y artístico único.

A través del estudio de los distintos tipos de roles específicos, los actores pueden entender cómo desplegar habilidades básicas del canto [唱], la recitación [念], la actuación de danza [做] y la lucha [打], y darles forma de acuerdo a sus propias características físicas, como sus cualidades vocales y apariencia física. A través del maquillaje y los trajes, también pueden crear nuevos personajes de escenario que trascienden la edad y el género, demostrando así la creatividad infinita e imaginativa de este arte tradicional.

Mientras disfrutan de las actuaciones, el público puede ver a los actores reales detrás del personaje. Por ejemplo, Meng Xiaodong, una delicada dama en la vida real, apareció en el escenario como Cheng Ying, un honesto consejero militar con barba. Otro ejemplo es la señora Qi Xiaoyun, quien interpretó a los personajes de Bao Gong, un conocido oficial recto de la dinastía Song, y de Dou Erdun, un bandido heroico de la dinastía Qing. Además, el actor Mei Lanfang se transformó en personajes femeninos como concubinas imperiales, y el talentoso erudito femenino y otros personajes femeninos tradicionales fueron interpretados con éxito en diferentes obras por el actor masculino Cheng Yanqiu. También es común que interpreten niños a personajes como matriarcas ancianas, y que el famoso actor Ye Shaolan interprete el papel de un valiente joven general en el escenario, a pesar de tener más de setenta años. En resumen, los artistas están más que capacitados para crear una deslumbrante variedad de personajes coloridos.

El encanto de la ópera de Beijing se demuestra adecuadamente a través de la división de los tipos de roles. Combinados con las habilidades básicas de canto, recitación, actuación, danza y lucha, los personajes y argumentos se realizan vívidamente en la actuación. Los actores aprenden unos de otros a través de los diferentes tipos de roles, compartiendo ideas y técnicas para perfeccionar aún más el arte.

Para el público, la división de los tipos de roles es la clave para abrir el tesoro de las artes teatrales chinas. Pueden distinguir

fácilmente entre los diferentes roles, comprender el significado de la historia, reflexionar sobre el significado de las letras y disfrutar de la música de las arias. Todos quedan encantados por la habilidad y destreza de estos maestros artísticos, y disfrutan de la belleza y el profundo significado de la ópera de Beijing. Esto nos inspira a amar nuestra gran cultura china desde lo más profundo de nuestros corazones.

Es importante recordar que la sociedad evoluciona gracias al desarrollo humano. La humanidad siempre busca explorar lo desconocido, siendo la esencia del universo y el alma de todas las cosas. En la ópera de Beijing, una actuación basada en la división de tipos de roles, se representan, glorifican y magnifican las luchas y sacrificios de las personas en todas las áreas de la vida, desde la lucha por mantener a la familia hasta la búsqueda de ideales morales y la exploración de la espiritualidad. A través del atractivo teatral de la ópera de Beijing, se transmite artísticamente la esencia cultural y las preocupaciones estéticas de la nacionalidad china a las personas de todo el mundo.

1. El rol de *sheng*

Sheng [生] es uno de los principales tipos de roles en la ópera de Beijing. Es uno de los tres tipos principales de roles masculinos, los otros son *jing* [净] y *chou* [丑]. Según la edad, identidad y personalidad de los personajes, los roles de *sheng* se pueden dividir aún más en categorías como *lao sheng* [老生] (roles masculinos de edad avanzada), *xiao sheng* [小生] (roles masculinos jóvenes) y *wu sheng* [武生] (roles masculinos marciales). En su mayor parte, el maquillaje facial del papel de *sheng* es simple y ligero, conocido por los profesionales como maquillaje *jun ban* [俊 扮] (guapo). Las excepciones incluyen *hong sheng* [红　生] (un tipo de *lao sheng*, un papel masculino mayor, con maquillaje facial rojo) o ciertos roles del papel *wu sheng*.

1.1. *Lao sheng*

El *lao sheng* (roles masculinos de edad avanzada), también conocido como *zheng sheng* [正 生] (papel masculino principal), así como *xu sheng* [须生] o más comúnmente *hu zi sheng* [胡子生] (roles masculinos con barba). El *lao sheng* generalmente interpreta roles masculinos de mediana edad o personajes respetados y sólidos de integridad en la ópera de Beijing. El papel de *lao sheng* normalmente lleva un *ran kou* [髯　口] (barba artificial) en la actuación. Los colores de *ran kou* son negro, blanco y gris. El término *hei san* [黑 三] (literalmente "tres negros") se utiliza para denotar una forma de barba negra que consta de tres hebras separadas, el *can san* [黲 三] ("tres grises") para una barba gris con tres hebras, y el *bai san* [白　三] ("tres blancos") para una barba blanca con tres hebras. El término *man* [满] (literalmente "completo") se utiliza para una barba completa que no tiene hebras: *hei man* [黑　满] para barbas negras completas, *can man* [黲满] para las grises y *bai man* [白满] para las blancas. El comportamiento del *lao sheng* en el escenario es serio y digno. La técnica de canto en los papeles de *lao sheng* es particularmente importante. La voz natural (voz verdadera) se utiliza tanto en el canto como en las partes habladas durante la actuación. Las melodías para *lao sheng* se cantan principalmente en los modos *xi pi* [西 皮] y *er huang* [二 黄] (los dos tipos principales de modo musical en la ópera de Beijing, aproximadamente equivalentes a la mayor y menor en la música occidental) y en diferentes tipos

de estructura rítmica y forma de tempo. Las melodías de *lao sheng* son estables y suaves, y las partes habladas son rítmicas. Los movimientos de *lao sheng* son serenos y tranquilos, exhibiendo la narrativa particular del personaje a través de gestos y pasos corporales, combinados con ojos y semblante expresivos.

El *lao sheng* se divide generalmente en dos tipos: *wen lao sheng* [文 老 生], que son roles masculinos civiles de edad avanzada, y *wu lao sheng* [武老生], que son roles masculinos militares de edad avanzada. También se puede clasificar en *chang gong lao sheng* [唱功老生], que son roles masculinos de edad avanzada que enfatizan el canto, y *zuo gong lao sheng* [做工老生], que son roles masculinos de edad avanzada que enfatizan la actuación, dependiendo del énfasis del papel. Además, el *lao sheng* se puede diferenciar aún más según la ropa que utilizan para indicar su estatus, como *wang mao lao sheng* [王帽老生], que es un papel masculino de edad avanzada que lleva un *wang mao* [王帽], una corona; *pao dai lao sheng* [袍带老生], que es un papel masculino de edad avanzada que lleva un *mang pao* [蟒袍], una túnica de la corte; *xue zi lao sheng* [褶子老生], que es un papel masculino de edad avanzada que lleva un *xue zi* [褶 子], un abrigo casual; *kao ba lao sheng* [靠把老生], que es un papel masculino de edad avanzada que lleva un *kao* [靠], una armadura; y *jian chang lao sheng* [箭氅老生], que es un papel masculino de edad avanzada que lleva un *jian chang* [箭氅], una capa de arquero.

El *Wang mao lao sheng* es el papel masculino de edad avanzada que lleva una corona y representa roles imperiales. Este tipo de personaje lleva un *wang mao* (corona del emperador) y un *wang pao* [王袍] (túnica del emperador), como el papel de Liu Xiu, quien fue el emperador de la dinastía Han Oriental, en la obra *Golpeando al emperador con un ladrillo dorado* [打金砖].

El *pao dai lao sheng*, por su parte, es el papel masculino de edad avanzada que viste una túnica de la corte. Este personaje representa a los funcionarios civiles y lleva un *sha mao* [纱帽] (gorra de gasa) junto con un *mang pao* [蟒袍] (túnica de la corte) o un *guan yi* [官衣] (ropa oficial), como el personaje de Lu Su en la obra *Una reunión de héroes* [群英会].

En cuanto al *xue zi lao sheng*, es el papel masculino de edad avanzada que viste un abrigo casual. Este tipo de personaje interpreta a caballeros o funcionarios que están fuera de la oficina y lleva un *xue zi* [褶子] (abrigo casual), como el personaje de Chen Gong en la obra *La captura y liberación de Cao Cao* [捉放曹].

Es importante destacar que el término *xue zi* se refiere a los trajes utilizados en el teatro tradicional chino. Esta vestimenta ha sido transmitida de generación en generación a través de la enseñanza oral de los maestros de teatro, lo que ha permitido una comprensión auténtica de las costumbres teatrales.

Dentro de los roles de *lao sheng*, se pueden encontrar diversas escuelas artísticas o estilos que incluyen a Sun (Juxian), Tan (Xinpei), Yu (Shuyan), Yan (Jupeng), Gao (Qingkui), Qi (Lintong), Ma (Lianliang), Tan (Fuying), Yang (Baosen) y Xi (Xiaobo).

1.1.1. *Chang gong lao sheng*

El *chang gong lao sheng* [唱功老生], también conocido como *an gong lao sheng* [安工老生], se refiere a los roles masculinos de edad avanzada en el teatro chino que se centran en el canto durante su actuación. Estos personajes se caracterizan por su comportamiento sereno y tranquilo, así como por movimientos suaves. Algunos ejemplos de este tipo de papel incluyen a Chen Gong en *La captura y liberación de Cao Cao* [捉放曹], Wu Zixu en *El paso Wenzhao* [文昭关], Yang Yanzhao en *Ejecución de un hijo en yuanmen* [辕门斩

子], Zhuge Liang en *La estratagema de la ciudad vacía* [空城计], Yang Yanhui en *Yang Yanhui visita a su madre* [四郎探母] y Yang Jiye en *La lápida de Li Ling* [李陵碑]. En estos papeles, los actores se dedican principalmente al canto y buscan transmitir un sentido de serenidad en su interpretación.

1.1.2. *Zuo gong lao sheng*

El *zuogong lao sheng* [做工老生], también conocido como *shuai pai lao sheng* [衰派老生] y *zuo pai lao sheng* [做派老生], se refiere a los roles masculinos de edad avanzada en el teatro chino que enfatizan la actuación. Estos personajes reciben estos nombres por dos razones principales. En primer lugar, a menudo representan a personajes ancianos con barba blanca y generalmente tienen una salud delicada, como Zhang Yuanxiu en *El pabellón Qingfeng (Qingfeng Ting)*, Zhang Guangcai en *Entregando una carta (Sao Song Xia Shu)*, Xue Bao en *Sanniang educa a su hijo (Sanniang Jiao Zi)*, Ma Yi en *Ma Yi rescata a su amo (Ma Yi Jiu Zhu)* y *Xu Ce transmite una noticia (Xu Ce Pao Cheng)*. En segundo lugar, debido a que este tipo de *lao sheng* pone énfasis en la actuación como elemento principal, los personajes retratados experimentan emociones intensas, nerviosismo y suelen tener un comportamiento menos refinado y agitado. Algunos ejemplos notables incluyen a Song Jiang en *Song Jiang mata a Yan Xijiao* [坐楼杀惜], Fan Zhongyu en *La resurrección* [打棍出箱], Bai Huai en *Pérdida y recuperación del sello oficial* [失印救火], Zhang En en *La pluma honesta* [春秋笔] y Liu Zhong en La *batalla en el paso Pu* [战濮关]. En estos papeles, los actores muestran expresividad y transmiten una intensidad emocional en su actuación.

1.1.3. *Kao ba lao sheng*

El *kaoba lao sheng*, también conocido como *changkao lao sheng* [长靠老生], se refiere a los roles masculinos de edad avanzada en el teatro chino que visten armadura y portan armas. El término *kao* [靠] es particular en la ópera de Beijing, y se refiere a la armadura utilizada por los antiguos oficiales militares. En las representaciones de la ópera de Beijing, el uso de la armadura se conoce como *pi kao* [批靠] (literalmente "usar armadura") o *zha kao* [扎靠] (literalmente "atar la armadura"), ya que el vestuario consta de múltiples elementos separados que deben ser ajustados al actor.

Por otro lado, el término *ba* [把] proviene de *bazi* [把子], que es una abreviatura de *dao qiang bazi* [刀枪把子] (espadas y lanzas), y se refiere a las armas que llevan los personajes en este tipo de papel. En resumen, el *kaoba lao sheng* se caracteriza por la armadura que viste y las armas que porta el personaje durante la actuación.

1.1.4. *Jian yi lao sheng*

Los *jian yi lao sheng* son roles masculinos de edad avanzada que visten un uniforme de arquero llamado *jianyi* [箭衣]. Este tipo de uniforme militar es utilizado por el emperador, el yerno del emperador o militares de alto rango. Los personajes de *jian yi lao sheng* suelen tener un trasfondo militar, aunque no necesariamente participan en escenas de combate durante la actuación. Algunos ejemplos notables incluyen a Xue Pinggui en *En el monte Wujia* [武家坡], Wu Yunzhao en *El paso Nanyang* [南阳关] y Qin Qiong en *Ataque en Dengzhou* [打登州]. Estos personajes representan roles militares y llevan el distintivo uniforme de arquero conocido como *jian yi*.

1.1.5. *Hong sheng*

El *hong sheng* se refiere a un tipo de *lao sheng*, los papeles masculinos de edad, que llevan maquillaje facial de color rojo. Los personajes principales en este papel son Guan Yu, un famoso

general de la época de los Tres Reinos, y Zhao Kuangyin, el emperador fundador de la dinastía Song. El *hong sheng* tiene un estilo propio y distintivo que lo diferencia de otros roles como *hua lian* [花 脸] (*jing*), papeles masculinos con la cara pintada, y *wu sheng*, papeles masculinos marciales, así como de otros tipos de *lao sheng*.

Un actor de *hong sheng* tiene que integrar los movimientos y posturas del *hua lian*, el entrenamiento marcial básico del papel *wu sheng*, y el habla y el canto resonantes y suaves característicos del *lao sheng* en su propia actuación. La apariencia del *hong sheng* en cuanto a vestuario y maquillaje siempre es majestuosa y digna, con un aire impresionante e imponente.

Algunas obras representativas en las que se presenta el *hong sheng* incluyen *Reunión en la ciudad de Gucheng* [古 城 会], *Camino de Huarong* [华容道], *Estuario de Hanjin* [汉津口], *La batalla en la ciudad de Changsha* [战长沙], *Ahogando a las siete armadas* [水淹七军], *Derrota en la ciudad de Maicheng* [走麦城] y *La lucha entre el dragón y el tigre* [龙 虎 斗]. Estas obras destacan el talento y la habilidad del actor de *hong sheng* para representar personajes poderosos y destacados en el escenario.

1.2. *Xiao sheng*

Los *xiao sheng* [小 生] son uno de los principales tipos de roles masculinos en la ópera de Beijing, retratando a personajes masculinos jóvenes con rasgos delicados, apariencia apuesta y trajes de colores brillantes. A diferencia de otros roles, los *xiao sheng* no utilizan barbas artificiales en su maquillaje facial.

Una característica distintiva del papel de *xiao sheng* es el uso de una voz de falsete al cantar y hablar, que ocasionalmente se mezcla con la voz natural. También adoptan el *yun bai* [韵 白], una forma

estilizada de habla que otorga al personaje un sentido de decoro. El falsete de *xiao sheng* combina diferentes tonos, como el sonido de dragón [龙 音] (potente y agudo, similar al aullido de un dragón), el sonido de tigre [虎 音] (bajo y profundo, semejante al rugido de un tigre) y el sonido de fénix [凤音] (claro y resonante, comparado con el canto imaginario de un fénix). Esta técnica vocal es más aguda, delgada y alta que la voz natural, reflejando el espíritu y la energía juvenil y diferenciándose del *lao sheng*, que interpreta roles masculinos ancianos.

En comparación con el falsete utilizado por las *dan* [旦], que son los roles femeninos, el falsete de *xiao sheng* es más claro, amplio, brillante y potente. La voz de la *dan* se considera más suave y gentil en comparación. Las posturas y movimientos de los *xiao sheng* en el escenario son elegantes y atractivos, complementando su interpretación juvenil y destacando su presencia escénica.

Existen dos tipos principales de roles de *xiao sheng*: *wen xiao sheng* [文小生], que son roles masculinos jóvenes civiles, y *wu xiao sheng* [武小生], que son roles masculinos jóvenes militares. Algunos también consideran a los *wa wa sheng* [娃 娃 生], que son roles infantiles, como parte de los roles de *xiao sheng*.

Dentro de los roles de *xiao sheng*, se destacan importantes escuelas o estilos, como la escuela Jiang (Miaoxiang) y la escuela Ye (Shenglan). Cada una de estas escuelas tiene sus propias técnicas y características distintivas en la interpretación de los personajes de *xiao sheng*.

1.2.1. *Wen xiao sheng*

Los *wen xiao sheng* son roles masculinos jóvenes civiles que retratan principalmente personajes elegantes, refinados y con una apariencia académica. Dependiendo de las demandas de cada

personaje y las habilidades de actuación que se requieren, este papel puede clasificarse aún más en distintas categorías.

Una de estas categorías es el *pao dai xiao sheng* [袍带小生], que representa a los roles masculinos jóvenes que visten una bata de corte, lo cual les confiere una apariencia distinguida y aristocrática.

Otra categoría es el *jin sheng* [巾 生], en la cual los personajes masculinos jóvenes llevan un pañuelo civil, lo que los distingue como miembros de la clase social educada y culta.

Además, existe la categoría de *qiong sheng* [穷生], que se refiere a los roles masculinos jóvenes de origen humilde o pobres. Estos personajes suelen presentar una imagen más modesta y sencilla.

Estas clasificaciones dentro de los *wen xiao sheng* permiten una mayor especificidad en la interpretación de los personajes, ajustándose a los diferentes roles y contextos sociales que se representan en la ópera de Beijing.

1.2.2. *Pao dai xiao sheng*

El *pao dai xiao sheng*, también conocido como *guan sheng* [冠 生] o *sha mao xiao sheng* [纱帽小生], se refiere a los roles masculinos jóvenes que usan una bata de corte en la ÓPERA de Beijing. Estos personajes suelen representar a los jóvenes miembros de la literatura y se caracterizan por su comportamiento digno, elegante y tranquilo. Utilizan una *sha mao* [纱帽] (gorra de gasa) y un *mang pao* [蟒袍] (bata de corte) en su vestimenta.

Algunos ejemplos notables de *pao dai xiao sheng* incluyen a Wang Jinlong en *Yutangchun*, Li Fengming en *Chen Sanliang en el palacio de justicia* (*Chen Sanliang Pa Tang*) y otros personajes similares. En ocasiones, los *pao dai xiao sheng* también pueden utilizar *guan yi* [官衣] (túnicas oficiales) para representar a oficiales de bajo rango, como Zhao Chong en *Li Qi reuniéndose con su hijo e hija* [奇 双 会],

Liu Shengchun (después de los exámenes imperiales) en *El pabellón de la estela imperial* [御碑亭] y Zhang Jibao en la última escena de *Pabellón Qingfeng* [清风亭].

Estos personajes encarnan el ideal de los jóvenes eruditos y se distinguen por su elegancia y compostura en el escenario, destacando la importancia de la literatura y la cultura en la sociedad tradicional china representada en la ópera de Beijing.

1.2.3. *Jin sheng*

El *jin sheng* [巾生], también conocido como *xuezi sheng* [褶子生] o *shanzi sheng* [扇子生], se refiere a los roles masculinos jóvenes que usan un pañuelo civil en la ópera de Beijing. Esta categoría también puede incluir a aquellos que sostienen un abanico como parte de su interpretación. El uso de estas prendas indica al público que este tipo de papel es elegante, suave y refinado en su comportamiento.

En el escenario, los personajes no utilizan un abanico para refrescarse debido al calor, sino para demostrar su porte elegante y culto. Los intérpretes los utilizan mientras se mueven y bailan, añadiendo gracia a su actuación. El *jin sheng* suele aparecer en historias románticas y, por lo tanto, a menudo se presenta junto con roles de *dan*, que son los personajes femeninos en la ópera.

Algunos ejemplos notables de *jin sheng* incluyen a Xu Xian en *La serpiente blanca* [白蛇传], Fu Peng en *Recogiendo la pulsera de jade* [拾玉镯], Zhang Sheng en *El romance de la cámara occidental* [西厢记] y Cui Hu en *Rostro como flor de durazno* [人面桃花]. Estos personajes encarnan la delicadeza y el romanticismo, y su presencia en el escenario agrega un toque de encanto a las historias representadas en la ópera de Beijing.

1.2.4. *Qiong sheng*

El *qiong sheng* [穷生] se refiere a los roles masculinos jóvenes pobres en la ópera de Beijing. Estos personajes generalmente interpretan a intelectuales que han perdido su estatus social y se encuentran en circunstancias difíciles. El *qiong sheng* suele llevar un *fuguiyi* [富 贵 衣], que es una bata negra adornada con parches de diferentes colores y formas, diseñada para representar estilísticamente la ropa usada por los pobres. Curiosamente, el *fuguiyi* sugiere que el personaje, a pesar de su apariencia desgastada, tiene un futuro prometedor y se convertirá en una persona influyente en la sociedad.

Los roles de *qiong sheng* enfatizan especialmente la técnica de actuación. Los actores caminan de manera tambaleante, con un paso ligeramente inestable y los brazos cruzados sobre el pecho, lo que refleja su estado frustrado y desanimado, así como su temperamento pedante.

Algunos ejemplos de personajes de *qiong sheng* incluyen a Mo Ji en *Jinyunu* 金玉奴 , Chen Daguan en *La historia de un erudito de número uno* [状 元 谱] y Wang Mingfang en *Posada Liansheng* [连 升 殿]. Estos personajes representan la lucha y la perseverancia de los intelectuales pobres, y su interpretación en el escenario añade profundidad y emoción a las historias representadas en la ópera de Beijing.

1.2.5. *Wu xiao sheng*

El *wu xiao sheng* [武小生], también conocido como *lingzi sheng* [翎子生] o *zhiwei sheng* [雉尾生], se refiere a los roles masculinos jóvenes militares en la ópera de Beijing. Estos nombres alternativos provienen del hecho de que los personajes a menudo llevan un casco de guerrero decorado con *lingzi* [翎 子] o *zhiwei* [雉 尾], que son largas plumas de cola de faisán que miden aproximadamente metro y medio y se insertan en el casco como adorno.

Los *lingzi sheng* suelen interpretar a jóvenes generales guapos, valientes, heroicos y apasionados. Estos personajes son altamente capacitados en artes marciales y están bien educados. Los *lingzi sheng* son conocidos por sus habilidades en combates acrobáticos y movimientos que implican manipular las plumas de *lingzi*.

Algunos ejemplos de personajes interpretados por el *wu xiao sheng* incluyen a Zhou Yu en *Una reunión de héroes* [群英会], Lü Bu en *Pabellón Fengyi* [凤仪亭] y Yang Zongbao en *Pueblo Muke* [穆柯寨]. Estos personajes encarnan la valentía y el espíritu militar, y su actuación en el escenario presenta combates emocionantes y movimientos dinámicos que involucran las plumas de *lingzi*.

1.2.6. *Wa wa sheng*

El *wa wa sheng* [娃娃生] se refiere a los roles infantiles en la ópera de Beijing. Los actores que interpretan este estilo peinan su cabello de manera similar a los niños y visten una pequeña chaqueta, ya sea *chayi* [茶衣] (chaqueta de té) o *ananyi* [安安衣] (chaqueta de niños). Además, utilizan una voz natural al cantar y hablar.

Las técnicas vocales utilizadas por los *wa wa sheng* combinan elementos de los *xiao sheng* (roles masculinos jóvenes) y los *dan* (roles femeninos). No se utilizan las técnicas vocales propias de los *lao sheng* (roles masculinos de edad avanzada) para los roles de *wa wa sheng*. La actuación de un *wa wa sheng* debe destacar los rasgos inocentes, adorables e inteligentes de los niños.

Algunos ejemplos de personajes de *wa wa sheng* incluyen a Dong Ge y Chun Mei en *Ejecutando a Chen Shimei* [铡美案], Qiu'er en *Salvando a Chen Xiang* [二堂舍子], Xue Yige en *Sanniang educa a su hijo* [三娘教子] y Lu Tianlin en *El monedero de joyas* [锁麟囊]. En ocasiones, resulta difícil encontrar niños para interpretar estos

roles, por lo que los papeles de *wa wa sheng* son asumidos a menudo por actrices jóvenes, pequeñas y delicadas.

1.3. *Wu sheng*

Los *wu sheng* son uno de los principales tipos de roles masculinos en la ópera de Beijing y generalmente interpretan a jóvenes hombres físicamente fuertes y altamente habilidosos en las artes marciales. A diferencia de otros roles *sheng*, los *wu sheng* no suelen usar *rankou* [髯口] (barbas artificiales) y su maquillaje facial se conoce como *junban* [俊 扮], que puede ser elegante y ligero o más elaborado en los casos de los *gou lian wu sheng* [勾脸武生] (roles masculinos marciales con una cara pintada).

Al cantar y hablar, los *wu sheng* utilizan una voz natural y hablan en *yunbai* [韵 白], una forma estilizada de habla que aporta un sentido de decoro al personaje. La dicción clara y fuerte es requerida al recitar líneas. En la actuación, es importante que los actores se muevan con seguridad, utilicen armas de escenario con precisión y luchen con energía.

Inicialmente, en la historia temprana de la ópera de Beijing, no existía un papel específico para los *wu sheng* y los personajes se categorizaban dentro de los roles de *lao sheng* y *xiao sheng*. Sin embargo, durante el reinado de Guang Xu, al final de la dinastía Qing, destacados actores de *wu sheng* comenzaron a aparecer en el escenario, lo que llevó a la identificación de los *wu sheng* como un papel independiente en la actuación de la ópera de Beijing.

Los *wu sheng* pueden dividirse en dos tipos principales: *chang kao wu sheng* [长 靠 武 生], que son roles masculinos marciales que usan armadura, y *duan da wu sheng* [短打武生], que son roles masculinos marciales que luchan sin armas. Importantes escuelas de *wu sheng* incluyen la escuela Yang (Xiaolou) y la escuela Gai (Jiaotian). Estas escuelas representan distintos estilos y enfoques en la interpretación de los personajes de *wu sheng*, enriqueciendo la tradición artística de la ópera de Beijing.

1.3.1. *Chang kao wu sheng*

Los *chang kao wu sheng* [长 靠 武 生] son roles masculinos marciales que usan armadura en la ópera de Beijing. Estos personajes mayormente interpretan a jóvenes generales o comandantes en el ejército, luciendo un casco, armadura dura, botas con suela gruesa y armas de mango largo. Este tipo de Wu Sheng requiere tanto habilidades destacadas en las artes marciales como la capacidad de expresar la imponente actitud de los generales. Por lo tanto, las posturas de los *chang kao wu sheng* deben ser elegantes, firmes y dignas. Para algunas obras, se requiere una actuación exquisita, así como habilidades fuertes en canto y habla.

Para los actores que interpretan los roles de *chang kao wu sheng*, hay tres elementos fundamentales necesarios para una buena interpretación, la precisión [准], la belleza [美] y el encanto [韵 味]. El segundo elemento es más difícil de lograr que el primero, mientras que el último elemento es el más desafiante pero también el más crucial. La combinación de estos elementos crea una actuación impactante y cautivadora.

Existen numerosas obras en las que los *chang kao wu sheng* son prominentes, como Zhao Yun en *La ladera de Changban* [长 坂 坡], *Pidiendo el viendo de este* [借东风], *Volver a Jingzhou* [回荆州], Gao Chong en *Cayendo los carros* [挑 滑 车], Ma Chao en *La batalla en la ciudad de Jizhou* [战 冀 州], *Rebelión en Xiliang* [反 西 凉], *La batalla en la orilla sur del río Weishui* [战 渭 南], *Dos generales* [两 将 军], *Capturando la ciudad de Licheng por engaño* [赚历城], Gan Ning

en *Gan Ning asaltando el campamento de Cao con cien jinetes* [甘宁百骑劫魏营] y Guan Ping en *La montaña azul* [青石山]. Estas obras destacan la valentía, el coraje y la destreza marcial de los personajes, presentando escenas de batallas y estrategias militares que desafían a los actores a mostrar su habilidad y dominio en el escenario.

1.3.2. *Duan da wu sheng*

Los *duan da wu sheng* [短 打 武 生] son roles masculinos marciales que se destacan por sus habilidades en combate cuerpo a cuerpo en la ópera de Beijing. Estos personajes suelen interpretar a jóvenes guerreros, bandidos o héroes proscritos. Visten chaquetas y pantalones ajustados, botas de tobillo con suelas delgadas y portan armas de mango corto, como espadas. A diferencia de los *chang kao wu sheng*, los *duan da wu sheng* luchan principalmente a pie en lugar de a caballo y enfatizan el combate cuerpo a cuerpo.

En la actuación de los *duan da wu sheng*, se requieren movimientos ágiles y precisos, así como acrobacias vigorosas y volteretas. Los actores deben demostrar destreza en artes marciales y ser capaces de realizar secuencias de lucha convincentes en el escenario. Ejemplos de personajes interpretados por *duan da wu sheng* incluyen a Bai Yutang en *La táctica de romper la formación de la red de latón* [大破铜网阵], Wu Song en *La pendiente del león* [十字坡], Ren Tanghui en *En la encrucijada* [三岔口], Shi Yilang en *La playa de Baishui* [白水滩] y Sun Wukong en *El caos en el cielo* [闹天宫].

Además, los *duan da wu sheng* pueden diferenciarse en tres tipos según los trajes que llevan. Algunos usan un *yingluomao* [硬 罗 帽] (sombrero de seda dura) con chaqueta y pantalones ajustados o un uniforme de arquero. Otros usan un *ruanluomao* [软罗帽] (sombrero de seda suave) con chaqueta y pantalones ajustados, o bien un traje de combate o un uniforme de arquero. También hay roles que usan un *zhajin* [扎巾] (pañuelo atado) con un uniforme de arquero. Cada tipo de traje aporta características específicas al personaje y su representación en el escenario.

Algunos roles combinan técnicas de actuación de *duan da wu sheng* con las de *chang kao wu sheng*, lo que implica no solo una alta habilidad en artes marciales y combate, sino también en danza, canto y recitación. Estos roles destacan por su versatilidad y requieren un amplio dominio de diversas habilidades artísticas.

2. El rol de *dan*

El rol de *dan* es una de las categorías principales de roles en la ópera de Beijing. Los roles *dan* representan a personajes femeninos y se pueden clasificar aún más según las diferentes edades y personalidades de los personajes. Algunas subcategorías de los roles *dan* incluyen *zheng dan* [正 旦] (mujeres virtuosas y refinadas), *hua dan* [花旦] (mujeres jóvenes y alegres), *hua shan* [花衫] (mujeres de las montañas), *dao ma dan* [刀马旦] (mujeres guerreras), *wu dan* [武旦] (mujeres militares), *lao dan* [老旦] (mujeres de edad avanzada) y *cai dan* [彩旦] (mujeres con roles cómicos).

2.1. *Zheng dan*

Tradicionalmente, el *zheng dan* es considerado el papel más destacado dentro de la categoría *dan*. Los personajes de *zheng dan* suelen representar a mujeres que provienen de un estatus social inferior o se encuentran en esa situación. Estos personajes suelen vestir un traje de color azul-verde (*qing*), por lo que también se les conoce como *qing yi* [青衣] (vestido azul-verde) o *qing shan* [青衫] (blusa azul-verde).

El papel de *qing yi* pone mayor énfasis en el canto, aunque la recitación en *yun bai* [韵　白] (una forma estilizada de habla que aporta al personaje un sentido de decoro) y los movimientos también son importantes, aunque en menor medida. Personajes como la serpiente blanca en *La serpiente blanca* [白蛇传], Sun Shangxiang en *Sacrificio al río* [祭江], Li Yanfei en *Segunda entrada al palacio* [二进宫] y la emperatriz viuda He en *La emperatriz viuda He critica el trono* [贺后骂殿] pertenecen a esta categoría de roles. Sin embargo, existen roles en los que el canto, la danza y la recitación tienen igual importancia, como Zhao Yanrong en *La espada cósmica* [宇宙锋], Wang Baochuan en *El tercer golpe de palma* [三击掌], Liu Yingchun en *El recodo del río fen* [汾河湾] y Wang Guiying en *La linterna de loto* [宝莲灯].

Los roles de *qing yi* suelen vestir faldas plisadas, mangas femeninas, prendas palaciegas y capas cortas bordadas.

2.2. *Hua dan*

Los roles *hua dan* representan a jóvenes ingenuas y animadas con un estatus social más bajo. Visten faldas relativamente más cortas y enfatizan las habilidades de danza, actuación y recitación en su interpretación. Un ejemplo vívido de este rol es el personaje de Hong Niang en *El romance de la cámara oeste (Xixiang Ji)*.

Los roles *hua dan* se pueden subdividir aún más en *gui men dan* [闺门旦], *wan xiao dan* [玩笑旦], *po la dan* [泼辣旦] y *ci sha dan* [刺杀旦]. El *gui men dan* es para mujeres jóvenes solteras que tienen personalidades tímidas e introvertidas, y es similar al rol *zheng dan*. El *wan xiao dan* retrata roles cómicos, charlatanes y bufonescos, como los personajes femeninos en *Visitando la tumba pequeña* [小上坟] y *Golpeando el tambor de flores* [打花鼓]. El *po la dan*, que

literalmente significa *dan* regañona, es para chicas jóvenes algo derrochadoras y de voz aguda. Pan Qiaoyun en *Montaña Cuiping* [翠屏山] y Ma Jinding en *Reconciliación entre ba y luo* [巴骆和] son interpretados por el *po la dan*. También existe una categoría llamada *ci sha dan*. *Cisha* significa literalmente asesinar, y este papel se puede interpretar de dos maneras: mujeres que buscan asesinar a otros y mujeres que han sido asesinadas. Por ejemplo, Bai Jinlian en *La historia de las uñas gemelas* [双钉记] es un personaje *dan* que busca matar a otros, mientras que Zoushi en *La batalla de wancheng* [战宛城] es una mujer que es asesinada.

2.3. *Hua shan*

Hua shan es una categoría importante dentro de la categoría *dan*. Antes de la creación de este rol, a los intérpretes no se les permitía interpretar tanto roles de *hua dan* como *qing yi*. Con el fin de enriquecer el papel de *dan* y permitir que la ópera de Beijing retratara la diversidad de la sociedad a través de personajes más complejos, Wang Yaoqing creó esta categoría de roles. En el rol de *hua shan*, se integraron la serenidad y dignidad del rol de *qing yi*, la destreza del rol de *hua dan* y los movimientos de artes marciales del rol de *wu dan*.

Para los actores de *hua shan*, el canto, la recitación, la actuación de danza y las habilidades de combate son igualmente importantes. Los actores de este rol deben ser hábiles en todos los aspectos y ser capaces de comprender y expresar los personajes de manera efectiva. Mei Lanfang fue uno de los mejores actores de *hua shan* y contribuyó significativamente al desarrollo y la popularización de este papel. Su interpretación magistral y su dominio de las diversas habilidades artísticas hicieron que sus actuaciones fueran altamente aclamadas.

2.4. *Lao dan*

Los roles *lao dan* se especializan en retratar personajes de mujeres mayores en la ópera de Beijing. Su apariencia, postura y forma de caminar reflejan las características de las mujeres de edad avanzada. Un rasgo distintivo de estos roles es el uso de la voz natural de los actores, que tiene un tono agradable, suave, melodioso y dulce, evocando la feminidad. Esta técnica vocal se conoce como *voz femenina* [雌音] (*ci yin*) en el argot de la ópera de Beijing.

Los roles *lao dan* se dividen en dos categorías principales según el énfasis en diferentes habilidades de interpretación: *chang gong lao dan* [唱工老旦] (*lao dan* cantante) y *zuo gong lao dan* [做工老旦] (*lao dan* actuante). El *chang gong lao dan* se centra en el canto y la recitación, mientras que el *zuo gong lao dan* se enfoca más en la actuación y la expresión dramática.

Ejemplos de roles *lao dan* cantante incluyen la Sra. Kang en *El cuento de una tortuga* [钓金龟], Wu Miaozhen en *Pueblo Chisang* [赤桑镇], Dou Taizhen en *El anhelo de una madre por el regreso de su hijo* [望儿楼] y la Emperatriz Li en *Encuentro con la emperatriz* [遇皇后].

Por otro lado, los roles *lao dan* actuante incluyen la Sra. He en *Pabellón de la brisa* [清风亭], la asistenta Cui en *El romance de la cámara oeste* [西厢记] y la madre Di en *Dardos para hombres y mujeres* [得意缘]. Estos roles se enfocan más en la actuación y la expresión teatral.

En algunos casos, los personajes *lao dan* pueden llevar trajes militares con armadura y utilizar habilidades de lucha en el escenario, como se observó en el drama regional *Lanza de plata* [对花枪] de la década de 1980. Esta incorporación de elementos de combate enriqueció la interpretación de los roles *lao dan* y agregó variedad a su representación en la ópera de Beijing.

2.5. *Wu dan*

Los roles de *wu dan* son personajes femeninos en la ópera de Beijing que son expertas en artes marciales y poseen una personalidad fuerte. Estos roles suelen retratar a generales o mujeres que han adquirido habilidades marciales en el mundo de las artes marciales. En términos de vestuario, los roles de *wu dan* generalmente usan trajes más cortos y no montan a caballo, aunque puede haber ciertas secuencias de equitación, pero en menor medida en comparación con otros roles.

En la actuación, los actores de *wu dan* enfatizan la lucha acrobática y la recitación. Si bien algunos actores también son habilidosos en artes marciales y acrobacias, no se presta tanta atención a las habilidades vocales en estos roles.

Ejemplos de personajes de *wu dan* incluyen a Yang Paifeng en *Yang Paifeng*, la diosa del agua en *La ciudad de Sizhou* [泗州城], Sun Erniang en *Pelea en la posada* [打店], la Rata de Jade en *El abismo* [无底洞], Zhang Sijie en *El árbol del dinero* [摇钱树] y la Dueña en *En la encrucijada* [三岔口]. Estos personajes destacan por su destreza en artes marciales y su fortaleza de carácter.

En los roles de *wu dan*, se enfatizan las habilidades de artes marciales y acrobacias especiales. Hay dos tipos particulares de acrobacias que se destacan en estos roles.

El primero es caminar en zancos. Los actores se suben a zancos de madera cónicos y pequeños para imitar los pies vendados de las mujeres en tiempos pasados. Durante la actuación, los actores caminan de puntillas, imitando la forma de caminar característica de las mujeres con los pies vendados. Además, realizan movimientos desafiantes, como subir a un taburete o patear una piedra. Esta

acrobacia pone a prueba las habilidades y el equilibrio del actor.

El segundo tipo de acrobacia especial se llama *da chu shou* [打出 手], que implica que varios actores lancen, arrojen, pateen y reciban armas en el escenario, mientras un actor principal se encuentra en el centro. Es una actuación impresionante y similar a una danza. Dependiendo de la trama y las habilidades de los intérpretes, pueden participar tres, cinco, siete o nueve personas, y el número de lanzas utilizadas varía desde dos hasta más de diez. La acrobacia de lucha *da chu shou* se acompaña de tambores y gongs especiales, lo que aumenta la emoción y el impacto visual.

Estas acrobacias especiales en los roles de *wu dan* agregan un elemento adicional de espectacularidad y habilidad física a las actuaciones, destacando la destreza y el dominio de las artes marciales de los actores involucrados.

2.6. *Dao ma dan*

El *daoma dan* es un personaje femenino que lleva armadura y tiene habilidades destacadas en el manejo de espadas, montar a caballo y el uso de armas en general. El término *dao ma dan* se refiere a la combinación de *dao* [刀] (espada) y *ma* [马] (caballo). Este papel es una fusión de los roles de *wu dan* y *hua shan*, y los actores que interpretan a *dao ma dan* deben ser hábiles tanto en las artes marciales como en la danza, destacando en particular en las escenas de combate. Aunque el énfasis principal está en las habilidades físicas, también se espera que los actores sean competentes en la actuación y, a veces, en la recitación.

Ejemplos notables de personajes *dao ma dan* incluyen a Mu Guiying en obras como *La aldea Muke* [穆柯寨], *La reina celestial* [穆天王] y *Levantando el sitio de Hongzhou* [破洪州]; She Saihua en

El Templo de las Siete Estrellas [七星庙] y *El Paso Shetang* [佘塘关]; Dou Xiantong en *Monte Qipan* [棋盘山]; Fan Lihua en *Romance a Caballo* [马上缘] y en *Fan Lihua abandonada* [三休樊梨花]; Princesa Shuangyang en *La bandera de perla y fuego* [珍珠烈火旗]; Liu Jinding en *Liu Jinding* [刘金定]; la Señora Hu en *La aldea Hu* [扈家庄]. Estos personajes femeninos en roles de *dao ma dan* son admirados por su valentía, habilidades marciales y destrezas ecuestres en las historias de la ópera de Beijing.

2.7. *Cai dan*

El *cai dan* es conocido por su distintivo maquillaje facial y vestimenta colorida. También es comúnmente conocido como *chou po zi* [丑婆子], que se traduce como *anciana fea*. Otros términos utilizados para este papel incluyen *chou dan* [丑旦] y *wan xiao dan* [玩笑旦].

Los actores de *cai dan* interpretan sus personajes con sus voces naturales, tanto en canto como en recitación, y su habla se basa principalmente en *jingbai* [京白], una forma de lenguaje similar al dialecto cotidiano de Beijing. Las actuaciones de *cai dan* se enfocan en la postura y el movimiento, y tanto la actuación como el maquillaje son exagerados para resaltar el aspecto cómico y divertido del papel. En el escenario, los actores de *cai dan* se ríen traviesamente y maldicen con enojo, creando un ambiente animado y manteniendo el interés de la audiencia.

Ejemplos de personajes interpretados por *cai dan* incluyen a Cheng Xueyan en *El fénix regresa a su nido* [凤还巢], Dong Shi en *Xi Shi* [西施], Huapo en *Rebelión en Xuzhou* [反徐州], la Sra. Wan en *Cuatro candidatos exitosos del examen imperial* [四进士], madre Chen en *El arco de hierro* [铁弓缘] y la casamentera Liu en *Recogiendo la*

pulsera de jade [拾 玉 镯]. Estos personajes cómicos y humorísticos son interpretados por el *cai dan*, quien utiliza su habilidad para hacer reír al público y agregar un toque de diversión a la actuación de la ópera de Beijing.

3. El rol de *jing*

Jing [净], también conocido comúnmente como *hua lian* [花 脸] o rostro pintado, representa personajes masculinos con temperamentos extremos y disposiciones peculiares. Pueden ser irrestrictos, o feroces con traición, o firmes y directos o sencillamente precipitados. Todos los personajes de *jing* tienen sus caras pintadas con una variedad de diseños. De hecho, el arte de los diseños faciales en la ópera de Beijing se aplica principalmente al papel de *jing*. En términos de su interpretación en escena, el papel de *jing* se caracteriza por el canto sonoro y la actuación en escena audazmente exagerada. Puede subdividirse en *tong chui* [铜锤] y *hei tou* [黑头].

3.1. *Zheng jing*

Zheng Jing es conocido por varios nombres, entre ellos *da hua lian, da hua mian* (ambos significan "gran cara pintada") y *da mian* ("cara grande"). También se le conoce como *chang gong hua lian* [唱工花脸] (literalmente "cara pintada con habilidades de canto") debido a que sus papeles se centran en el arte del canto en la actuación. Un personaje típico de *chang gong hua lian* es Xu Yanzhao en *Entrando al palacio por segunda vez (Er Jin Gong)*. Debido a que el personaje sostiene un martillo de cobre en su mano, *tong chui hua lian* [铜 锤 花 脸] (cara pintada con un martillo de cobre) también se ha convertido en sinónimo de *chang gong hua lian*. Además, el personaje de *bao gong*, que aparece en muchas obras, incluyendo *Golpeando la túnica del emperador* 打龙袍 y *Ejecutando a chen shimei* [铡美案], es el ejemplo representativo del estilo de cara pintada que es predominantemente negro. Por lo tanto, *hei tou* (cara negra) es otro sinónimo para el papel de *chang gong hua lian*. Otros ejemplos de los papeles interpretados por *zheng jing* incluyen a Yao Qi en *Yao Qi*, Lian Po en *Reconciliación entre el general y el primer ministro* [将相和] y Gao Wang en *Paso de Muhu* [牧虎关]. Hay dos escuelas representativas en los papeles de *zheng jing*: la escuela Jin (Shaoshan) y la escuela Qiu (Shengrong).

3.2. *Fu jing*

Fu jing es una de las ramificaciones de los papeles *jing* y también se conoce como *jia zi hua lian* [架子花脸] (cara pintada de posturas). Además del arte del canto, la interpretación de los papeles de *fu jing* [副净] se centra en el movimiento y las posturas. Un buen ejemplo de un papel de *fu jing* es Dou Erdun en *Robando el caballo imperial (Dao Yu Ma)*, ya que el actor debe destacar en artes marciales, actuación, recitación y canto. Esto implica que los actores más destacados en los papeles de *jia zi hua lian* deben ser versátiles. Existen muchos personajes famosos de *jia zi hua lian*, como Zhang Fei, Li Kui, Jiao Zan y Cao Cao. Otros ejemplos incluyen a Ma Su en *La pérdida de Jieting* [失街亭], Ma Wu en *La Captura de la ciudad de Luoyang* [取洛阳], Li Qi en *Interrogando a Li Qi* [审李七], Jia Sidao en *Li Huiniang* y Huang Gai en *El encuentro de los héroes* [群英会].

Vale la pena destacar el personaje de Cao Cao, que es un papel Jing, ya que su rostro no está pintado con maquillaje a base de aceite como otros papeles *jing*. En cambio, este papel utiliza pintura en

polvo a base de agua como base, sobre la cual se aplican contornos con tinta. Esto crea un *shui bai lian* [水 白 脸] (cara blanca acuosa), más conocida como *fen lian* [粉 脸] (cara en polvo). A lo largo de la historia de China, ha habido muchos funcionarios traicioneros, como Zhao Gao, Dong Zhuo y Qin Hui, todos ellos representados con maquillaje de "cara blanca acuosa", que son interpretados por los roles de *fu jing*.

Er hua lian es otro nombre que se utiliza frecuentemente para referirse a *jia zi hua lian*, pero su estilo de interpretación difiere, ya que en ciertos aspectos se asemeja a los papeles *chou* [丑] (payaso), donde los personajes a veces tienen un enfoque humorístico. Algunos ejemplos de papeles de *er hua lian* incluyen a Wei Hu en *Revisando los cereales* [算粮] y Liu Biao en *templo famen* [法门寺].

Hay dos escuelas importantes en los papeles de *fu jing*: la escuela Hao (Shouchen) y la escuela Hou (Xirui).

3.3. *Wu jing*

El *wu jing* es una de las subdivisiones de los papeles Jing, también conocido como *wu er hua* [武二花] o *wu hua lian* [武花脸] (cara pintada marcial). Los papeles de *wu jing* ponen énfasis en las habilidades marciales en lugar del canto y la recitación. Estos roles requieren que los actores posean sólidas habilidades acrobáticas y marciales. Originalmente, los papeles de Wu Jing destacaban por su postura, actuación y recitación. Algunos buenos ejemplos incluyen a Li Yuanba en *Montaña Siping* [四平山] y Gao Deng en *La Torre de Yanyang* [艳阳楼]. Con el tiempo, estos personajes fueron absorbidos por los roles de *wu sheng* (hombres marciales).

Los roles de *wu jing* se pueden dividir aún más en dos tipos: uno enfatiza las habilidades de combate, con canto y recitación, pero sin acrobacias, como Dian Wei en *Batalla en Wancheng* [战宛城]. El otro tipo se especializa en acrobacias y artes marciales, utilizando exhibiciones acrobáticas desafiantes para mostrar que están siendo derrotados en la batalla. Por esta razón, también se les llama roles de *Shuai da Hua lian* [摔打花脸] (roles marciales derrotados). Hei Fengli en *Carros caídos* [挑滑车] es un ejemplo de este tipo.

Al igual que en otros tipos de roles en la ópera de Beijing, los roles de *wu jing* han producido excelentes actores. Esto fue especialmente cierto a fines del siglo XIX y principios del siglo XX, cuando las obras de artes marciales eran populares y los mejores actores desarrollaron estilos distintivos y establecieron sus propias escuelas. Los más destacados fueron establecidos por Qian Jinfu y Fan Baoting.

4.El rol de *Chou*

El *chou* [丑] (payaso) es uno de los principales tipos de roles en la ópera de Beijing. Puede ser fácilmente identificado por el parche blanco en el puente de la nariz. Por eso, a menudo se le llama *xiao hua lian* [小 花 脸] (cara pintada pequeña) o *san hualian* [三 花 脸] (tercera cara pintada).

El maquillaje para el *chou* se presenta en muchas formas diferentes, como cuadrado, zapato, lingote de oro, riñón, semilla de dátil, cada una de ellas corresponde a un tipo de personaje distinto. Algunos roles de *chou* representan personajes traicioneros, astutos, egoístas y despreciables, como el hijo del oficial Yang en *El pabellón del río* [望江亭], el hijo del oficial Gao en *El bosque del jabalí salvaje* [野猪林], Tang Qin en *Un puñado de nieve* [一捧雪] y el posadero en *Posada Liansheng* [连升殿].

Sin embargo, es más común que el Chou interprete personajes humorísticos, moralmente rectos, ingeniosos y amables, la mayoría de los cuales pertenecen a las clases trabajadoras más bajas, como pescadores, campesinos, leñadores, camareros, vigilantes nocturnos, sirvientes, asistentes, mendigos, entre otros.

La mayoría de estos personajes son divertidos, animados, optimistas y cálidos. Por ejemplo, Chong Gongdao, un antiguo corredor de la puerta Ya men en *Una mujer escoltada para el juicio* [女起解], es una persona cortés y bondadosa. El barquero en *Río de Otoño* es un papel humorístico que encuentra placer en ayudar a los demás.

4.1. *Wen chou*

El *wen chou* [文　丑] (payaso civil) es una subcategoría del papel *chou*. Los personajes que son retratados por el *wen chou* no necesariamente pertenecen a la élite literaria educada; más bien, estos roles no requieren habilidades en artes marciales. El *wen chou* se puede dividir aún más en el *fang jin chou* [方 巾 丑] (payaso del pañuelo), el *Pao dai Chou* [袍带丑] (payaso del cinturón-vestido), el *cha yi chou* [茶衣丑] (payaso de la prenda de té), el *xue zi chou* [褶子丑] (payaso del abrigo informal) y el *lao chou* [老丑] (payaso anciano).

4.1.1. *Fang jin chou*

fangjin chou (payaso del pañuelo) se refiere a funcionarios, miembros de la élite literaria y nobles señores. En el escenario, el personaje generalmente lleva un pañuelo cuadrado y sostiene un abanico en la mano, caminando con pasos medidos, gestos suaves y movimientos lentos, pero con una actitud desagradable. Estos movimientos transmiten la imagen de eruditos pedantes y presumidos. Son habilidosos en observar, halagar, jactarse y maquinar. Estos roles suelen representar personajes negativos, tontos y malvados, y sirven como contraste al héroe sabio y justo. Estos personajes suelen hablar en *yun bai* [韵　白] (una forma de discurso estilizado que otorga al personaje un aire de decoro). Ejemplos de este papel incluyen a Jiang Gan en *Jiang Gan roba una carta* [蒋干盗书] y Zhang Wenyuan en *Patio del dragón negro* [乌龙院].

4.1.2. *Pao dai chou*

Pao dai chou (payaso del cinturón-vestido), también conocido como *guan yi chou* [官 衣 丑] (payaso de los vestidos oficiales), lleva un cinturón de jade alrededor de la cintura y un gorro redondo con alas de gasa en la cabeza. El *pao dai chou* puede representar tanto a personajes positivos como negativos. Este papel a veces retrata a emperadores humorísticos, altos funcionarios y médicos. En ocasiones interpretan a personajes rectos e inteligentes, como Dong Wen en *La copa de la mariposa* [蝴 蝶 杯]. Otras veces interpretan a personajes cobardes y estúpidos, como el emperador Qi Jinggong en *Un encuentro en el río Xiang* [湘江会]. También pueden representar a villanos corruptos o sinvergüenzas, como Tang Qin en *Asesinando a Tang para obtener la aprobación de una cabeza* [审 头 刺 汤]. Otros ejemplos incluyen a Hu Jin en *Chun Cao irrumpe en la sala* [春草闯堂], Liu Ti en *Cuatro candidatos exitosos del examen imperial* [四进士] y el magistrado del condado de Shanyang en *Nieve en pleno verano* [六月雪].

4.1.3. *Cha yi chou*

Cha yi chou (payaso con vestimenta de té) es una variante del *wen chou*. El *cha yi* [茶衣] es una prenda de tela azul hasta la cadera con mangas negras que solían ser utilizadas por las clases trabajadoras. Por lo tanto, los personajes interpretados por el *cha yi chou* también

pertenecen a las clases trabajadoras. Hay muchos tipos diferentes de personajes y aparecen en diversas actuaciones. Cada personaje tiene sus características distintivas, algunos son honestos y amables, mientras que otros son holgazanes y malvados. Existen dos tipos de *cha yi*: uno es un abrigo azul casual corto con una abertura en el centro del frente, y el otro tiene mangas largas que generalmente se atan a un lado. Se utiliza un delantal corto azul o blanco tipo falda llamado Yao Bao por encima de los pantalones. Ejemplos de *cha yi chou* se pueden encontrar en roles como el barquero en *Río de otoño* [秋江], el pescador en *La gente de los juncos* [芦中人], el leñador en *Causando un alboroto en la Mansión Ge* [问樵闹府] y el cantinero en *Lago Luo Ma* [骆马湖].

4.1.4. *Xue zi chou*

Xue zi Chou (payaso con abrigo informal) se caracteriza por hablar en *jing bai* (un estilo de habla similar al dialecto de Beijing). El *xue zi chou* suele llevar una bata larga y un uniforme de arquero, y su estilo de actuación es más riguroso que el *cha yi chou*. Ejemplos de este papel incluyen al posadero en *Adulador* [连升殿] y a Chong Gongdao en *Susan se encuentra en juicio* [苏三起解].

4.1.5. *Lao chou*

Lao Chou (payaso anciano) se encuentra entre el *fang jin chou* y el *cha yi chou*. El *lao chou* viste una bata larga o un uniforme de arquero, junto con una barba artificial y un gorro de fieltro blanco. El estilo de actuación del *lao chou* es más riguroso que el del *cha yi chou*. La recitación es muy importante y generalmente se realiza en *jingbai*, aunque a veces el personaje puede hablar en otros dialectos. El *lao chou* suele representar a hombres mayores amables y divertidos. A diferencia de otros tipos de roles *chou*, el *lao chou* tiene una mancha blanca pintada en su rostro, con arrugas en la frente y en las comisuras de los ojos. El blanqueamiento de las cejas también sugiere que se trata de un personaje de edad avanzada. El *lao chou* generalmente lleva una barba llamada *bai wu zui* [白五嘴] (literalmente "cinco hebras blancas").

El papel de *lao chou* suele representar a personas de la clase baja. Usualmente visten ropa asociada convencionalmente con hombres mayores llamada *lao dou yi* [老丑衣] (batas con mangas largas). Ejemplos de *lao chou* incluyen a Zhang Biegu en *La injusticia* [乌盆记] y al leñador en *Causando un alboroto en la Mansión Ge* [问樵闹府].

4.2. *Wu chou*

Wu chou (payaso marcial), también conocido como *kai kou tiao* [开口跳] (abrir la boca y saltar), interpreta obras que requieren habilidades especiales en artes marciales. Además de ser buenos en acrobacias y artes marciales, los actores también deben ser habilidosos en la recitación. Estas habilidades de recitación se utilizan para demostrar la astucia del personaje a través del diálogo. Por esta razón, el actor debe recitar las líneas con una voz clara y agradable. Ejemplos de roles de *wu chou* incluyen a Liu Lihua en *En la encrucijada* [三岔口], Jiao Guangpu en *Deteniendo el caballo* [挡马], Yang Xiangwu en *La copa de los nueve dragones* [九龙杯], Zhu Guangzu en *El estratagema de los anillos entrelazados* [连环套] y Shi Qian en *La armadura de plumas de ganso* [雁翎甲].

Capítulo 3.

Los artistas representativos de la ópera de Beijing

1. Rol de *sheng*

Tan Xinpei [谭鑫培] (1847-1917)

Como destacado maestro artístico de la Ópera de Beijing, Tan Xinpei asimiló las mejores habilidades de otros muchos intérpretes, incorporándolas a su propio estilo de actuación. Además, fundó la escuela Tan, la primera escuela artística de *lao sheng* en la historia de la ópera de Beijing. La escuela Tan es la más extendida entre las escuelas de *lao sheng*, y es la que cuenta con mayor influencia y número de discípulos. Un refrán popular en la profesión dice que no hay tono que no se aprenda de Tan. Tan Xinpei es universalmente reconocido como uno de los tres nuevos mejores en los roles de *lao sheng*, junto con Wang Guifen y Sun Juxian. Aparte de su actuación en la ópera de Beijing, Tan Xinpei también trabajó en la clasificación y procesamiento de muchas óperas de Beijing, revisando guiones para corregir palabras inadecuadas o tramas poco realistas y eliminar detalles superfluos. La ópera de Beijing *La batalla en la montaña Dingjun* (*Dingjun Shan*), protagonizada por Tan, se convirtió en la primera película de China.

Respecto a su estilo de actuación, la voz de Tan era dulce y ligeramente ronca, lo que se comparaba con "la luna cubierta por una nube" [云遮月]. Al cantar, su vibrato era firme pero no rígido, su voz era suave y brillante, y estaba respaldada por una sólida técnica. Era capaz de producir tonos brillantes y amplios de *ga* [嘎调] (tono extremadamente alto para una palabra en particular en la ópera de Beijing) con gran destreza. Tan se dedicó a innovar en la actuación de la ópera de Beijing, mejorando el antiguo método de canto de lao sheng, en el que los tonos eran rectos y altos, sostenidos solo por la fuerza de la garganta y la respiración del intérprete. Tan incorporó

técnicas de canto de la ópera *kun*, así como de *jing yun da gu* (una forma de narración en dialecto de Beijing con acompañamiento de tambor) y *dan xian* (narración con acompañamiento de un Sanxian, un instrumento de cuerda pulsada de tres cuerdas). Además, integró los tonos de *qing yi* (roles femeninos jóvenes en la ópera de Beijing), *lao dan* (roles femeninos mayores en la ópera de Beijing) y *hua lian* (roles masculinos con pintura facial) en los tonos de *lao sheng*. Tan creó un estilo de canto delicado y melodioso en el que su actuación era animada y flexible, encontrando maestría en lo mundano y lleno de vida. Su innovación potenció en gran medida las capacidades artísticas de la voz de canto de *lao sheng*.

Tan Xinpei era experto en la interpretación de *an gong lao sheng* [安工老生] (roles masculinos mayores serenos) y *kao ba lao sheng* [靠 把 老 生] (roles masculinos mayores que usan armadura). Sus obras maestras incluyen *La batalla en la montaña Dingjun* [定军山], *El paso Yangping* [阳平关], *Batalla en la ciudad de Changsha* [战长沙], *Captura y liberación de Cao Cao* [捉放曹], *La cueva Hongyang* [洪羊洞], *Yang Yanhui visita a su madre* [四 郎 探 母], *La lápida de Liling* [李 陵 碑], *El dragón juguetón tienta al fénix* [游 龙 戏 凤], *Regañando a Cao Cao golpeando un tambor* [击鼓骂曹], *El patio del dragón negro* [乌龙院], *La venganza del pescador* [打渔杀家], *La estratagema de la ciudad vacía* [空城计], etc.

Yu Shuyan [余叔岩] (1890-1943)

Heredando las habilidades exquisitas de su abuelo, Yu Sansheng y su maestro Tan Xinpei, Yu Shuyan profundizó aún más en el arte de la actuación de la escuela Tan, que incorporaba la esencia de la habilidad actoral de *lao sheng* de sus predecesores en su propio estilo artístico. Gracias a sus amplios conocimientos culturales,

Yu Shuyan dominó exhaustivamente las características y reglas del oficio de Tan. Pulía cuidadosamente las palabras, frases y esquemas de rima de los guiones que interpretaba para hacerlos más lógicos. Yu desarrolló el arte de Tan y estableció una nueva escuela de actuación de *lao sheng* más sofisticada y profunda, conocida como la escuela Yu. Yu Shuyan se convirtió en un personaje emblemático en el desarrollo histórico del arte de la actuación de *lao sheng* y tuvo una influencia de gran alcance en su posterior evolución. Yu Shuyan fue reconocido como uno de los *Antiguos cuatro mejores lao sheng* [四大须生], junto a Yan Jupeng, Gao Qingkui y Ma Lianliang.

Las principales características artísticas de la escuela Yu (Shuyan) incluían el canto melódico con tonos firmes y suaves, habilidades vocales ricas y un estilo digno en el escenario. La voz de Yu era dulce y clara. A través de la práctica de técnicas de pronunciación y control de la respiración, Yu logró que su voz aguda fuera clara y penetrante, su voz grave fuerte y vigorosa, su voz *li* [立 音] (técnica de canto tradicional en la ópera de Beijing, en la que la voz se produce por resonancia a través de cavidades en la cabeza) poderosa y estable, su voz *sou* [擞 音] (técnica de canto tradicional en la ópera de Beijing, en la que la voz se centra en la laringe) redonda y suave, y su vibrato oscilante y brillante. Yu utilizaba su voz con libertad, y su canto era famoso por sus tonos conmovedores, melodías fluctuantes, cadencias precisas y un encanto persistente incluso cuando cesaba el canto. Además, tenía un manejo hábil y apropiado de sus habilidades, lo cual era más elegante y refinado que el de Tan Xinpei. En cuanto a las partes habladas, Yu Shuyan enfatizaba la pronunciación y la enunciación precisas. Practicaba hábilmente la rima de tres niveles [三 级 韵] y era experto en el uso de palabras funcionales. Prestaba una

atención cercana a la claridad en los cambios de entonación al pronunciar palabras y empleaba el excelente método de *fanqie* [反 切] (un método tradicional para indicar la pronunciación de un carácter chino mediante el uso de otros dos caracteres chinos, el primero teniendo la misma consonante que el carácter dado y el segundo teniendo la misma vocal y tono). En términos de actuación, la escuela Yu realizó modificaciones significativas en las técnicas heredadas de la actuación de Tan Xinpei. Las posturas de Yu eran vívidas y ejecutadas correctamente, pero no llamativas. Estaban estrechamente relacionadas con la vida cotidiana y eran adecuadas para la trama de la obra. Sus movimientos se centraban en expresar el estado psicológico de los personajes. Yu Shuyan dominaba las habilidades básicas de las artes marciales, especialmente en la realización de rutinas de lucha, y era experto en crear *liang xiang* [亮 相] (una pausa en la coreografía donde el actor demuestra su presencia) en el escenario.

Entre las obras maestras representativas de Yu se incluyen *Redressando un agravio* [乌 盆 记], *Wu Zixu* [伍 子 胥], *Batalla en la montaña Dingjun* [定军山], *Paso Yangping* [阳平关], *La lápida de Liling* [李陵碑], *El dragón juguetón tienta al fénix* [游龙戏凤], *La venganza del pescador* [打渔杀家], etc.

Ma Lianliang [马连良] (1901—1966)

Fue un renombrado intérprete de papeles de *lao sheng* y fundador de la escuela Ma. Ma Lianliang es reconocido como el líder de los *Cuatro grandes lao sheng posteriores*. Tenía un insaciable deseo de aprender y una actitud humilde hacia el arte, dedicándose a desarrollar y mejorar constantemente su habilidad interpretativa en la ópera de Beijing.

En la escuela Ma, las partes habladas y cantadas se complementan mutuamente, confiando en la otra para lograr una destreza sonora unificada. En el repertorio interpretado con frecuencia por Ma, las partes habladas pueden ser sofisticadas, vigorosas, humorísticas, amonestadoras o persuasivas, dependiendo de la personalidad y emoción del personaje. Ma era hábil en recitar líneas con una entonación encantadora, similar a una melodía. Su actuación, combinada con los movimientos de sus manos, la expresión de sus ojos, la postura y los movimientos de sus pies, era integrada, precisa, digna y elegante, lo que mostraba de manera vívida las complejas emociones de los personajes y creaba el encanto único del estilo artístico de la Escuela ma.

El repertorio clásico de Ma Lianliang incluía obras como *El pincel honesto* [春 秋 笔], *Lista de funcionarios honrados* [清 官 册], *Un puñado de nieve* [一 捧 雪], *Cuatro candidatos exitosos del examen imperial* [四 进 士], *El encuentro en el campo de moreras* [桑 园 会], *Historia del huérfano* [赵氏孤儿], *Ataque a la ciudad de Dengzhou* [打登州], *Su Wu pastoreando ovejas* [苏武牧羊], *Diez mayores estabilizan la familia imperial* [十老安刘], etc.

Zhou Xinfang [周信芳] (1895–1975)

Zhou Xinfang, conocido artísticamente como Qilin Tong, fue un destacado intérprete de la ópera de Beijing y fundador de la escuela Qi de *lao sheng*. Basándose en las técnicas heredadas de sus predecesores, Zhou Xinfang realizó nuevas innovaciones y reformas en el arte de la interpretación del papel de Lao Sheng. Además de realizar cambios en el repertorio en función de la calidad, Zhou Xinfang modificó las habilidades de canto, recitación, danza y lucha, revisó los textos de los guiones y rediseñó los trajes y el maquillaje

facial para adaptarlos a su propio estilo interpretativo, haciéndolos únicos.

Estilo de interpretación: La interpretación de arias de Zhou Xinfang se caracterizaba por su frescura y firmeza. Era sencilla y directa, pero a la vez poderosa. La melodía estaba llena de giros y vueltas, poniendo especial énfasis en la expresión de las emociones. Zhou incorporó elementos como *gaobozi* [高 拔 子] (un tipo de melodía proveniente de la ópera Hui) y *handiao* [汉 调] (también conocido como *erhuang* [二 黄], un estilo de melodía tradicional china popular en las provincias de Hubei y Shanxi) a su canto, otorgándole un encanto distintivo. Las partes habladas de la escuela Qi se distinguían por su acento marcado de las provincias de Jiangsu y Zhejiang, sonando vigorosas, firmes, enérgicas, nítidas y hábiles. Con una pronunciación clara y melódica, y la aplicación flexible de partículas modales, el habla de Zhou se acercaba al lenguaje utilizado en la vida cotidiana. Estaba impregnada del rico sabor de la vida real y poseía un tono natural y vívido al expresar humor, solemnidad, odio y tristeza. Transmitía las emociones de manera natural y vívida. En cuanto a la técnica actoral, la escuela Qi hacía hincapié en la integración completa del canto, la recitación, la danza y la lucha, prestando especial atención al uso de mangas largas, posturas y movimientos de pies, que, combinados con la expresión de los ojos y el rostro, se ajustaban al argumento y a la emoción o situación particular del personaje. Esto tenía un efecto muy impactante en la interpretación.

Entre las obras maestras más conocidas de Zhou Xinfang se encuentran *Xu Ce corre en la muralla de la ciudad* [徐策跑城], *El patio del dragón negro* [乌龙院], *Xiao He persigue a Han Xin bajo la luz de la luna* [萧何月下追韩信], *Cuatro candidatos exitosos del examen imperial*

[四进士], *Salvando a Chen Xiang* [二堂舍子], etc.

Tan Fuying [谭富英] (1906–1977)

Es nieto del icónico Tan Xinpei y ha estado inmerso en el aura artística de la ópera de Beijing desde su infancia. Al igual que Ma Lianliang, Tan también comenzó su entrenamiento en *wu sheng* y luego se cambió a *lao sheng*. Con el tiempo, su estilo artístico se caracteriza por un canto sonoro, lleno de vigor y energía sin pretensiones. La habilidad en *wu sheng* que adquirió durante su entrenamiento infantil le permite interpretar tanto personajes civiles como guerreros. Su actuación más emblemática es *Montaña Dingjun* [定军山], donde interpreta a un anciano general de setenta años que lidera un ejército para capturar el campamento enemigo en la cima de la montaña. Sus mejores actuaciones se centran principalmente en dramas históricos, como *La Batalla de Taiping* [战太平], *Wangzuo se corta el brazo* [断臂说书], *Templo Famen* [法门寺], *Paso Nanyang* [南阳关], *Despidiendo al hijo en el jardín de moreras* [桑园寄子], *Historia del huérfano* [赵氏孤儿], etc.

Yang Baosen [杨宝森] (1909–1958)

Fue un destacado intérprete de *lao sheng* y fundador de la escuela Yang. Fue reconocido como uno de los *Cuatro grandes lao sheng posteriores* [后四大须生], junto con Ma Lianliang, Tan Fuying y Xi Xiaobo. Yang comenzó como aprendiz a los ocho años y posteriormente se unió a la Bin Qing She, una renombrada compañía de ópera en Beijing, donde pisó el escenario por primera vez a los catorce años. Yang se dedicó al estudio de las técnicas interpretativas de Yu Shuyan, aprendiendo y desarrollando el estilo artístico de la escuela Tan (Xinpei) y la escuela Yu (Shuyan), estableciendo así una nueva técnica de canto conocida como la escuela Yang (Baosen). La

Escuela Yang se convirtió en una de las más extendidas e influyentes en la ópera de Beijing, al punto de que existe un dicho que afirma que nueve de cada diez roles *sheng* son Yang en el escenario. Si bien Yang se enfocó principalmente en el canto, también se consideraba hábil en la actuación.

El estilo de interpretación de Yang Baosen se caracterizaba por su técnica de canto y su dominio de las arias. Su voz era profunda y resonante, y su canto se destacaba por su simplicidad y elegancia. La voz de Yang se caracterizaba por su contención, sutileza y suavidad, que encarnaba la escuela Yu. Su canto estaba lleno de detalles melódicos, sin excesivas florituras, y conservaba una delicadeza que evitaba caer en lo trivial. Esto capturaba el estilo artístico de Yu Shuyan, equilibrando el vigor y la flexibilidad. Por ejemplo, en una sección prolongada de canto en la obra *El engaño de ciudad vacía (Kong Cheng Ji)*, la interpretación de Yang transmitía la serenidad del personaje al público mediante una combinación de melodías simples y serenas, suaves y profundas, sombrías y dignas. Esto expresaba la disposición de Zhuge Liang, su calma, sabiduría y confianza en sí mismo, así como su capacidad para planificar estrategias.

Entre las obras maestras representativas de Yang Baosen son *Wu Zixu* [伍子胥], *Perdiendo la batalla en Jieting* [失街亭], *El engaño de ciudad vacía* [空城计], *Ejecutando a Ma Su* [斩马谡], *Golpeando un tambor para maldecir a Cao* [击鼓骂曹], *Buscando y rescatando al huérfano* [搜孤救孤], etc..

Xi Xiaobo [奚啸伯] (1910-1977)

A diferencia de Ma, Tan y Yang, quienes recibieron entrenamiento profesional desde su juventud, Xi Xiaobo es uno de los aficionados. No inició su carrera profesional en el espectáculo hasta los 23 años. Sin embargo, ha abrazado todos los estilos de interpretación de sus predecesores y contemporáneos para desarrollar un estilo único de canto, y se le clasifica entre los *Cuatro grandes actores lao sheng posteriores*. A pesar de su origen no profesional, esto no le impide avanzar en su arte; al contrario, sus talentos versátiles en áreas como la poesía, la música y los clásicos, distintas a la ópera de Beijing, le brindan un gusto altamente cultivado y una comprensión integral del arte. Se dice que Xi ocupa el primer puesto en términos de cultivo artístico. El estilo de canto que ha establecido se caracteriza por una representación exquisita del mundo interno de los personajes, especialmente aquellos cuya vida es desolada y miserable.

Wang Hongshou [王鸿寿] (1850–1925)

Era un especialista en interpretar el papel de Guan Yu. Superó las limitaciones del estilo interpretativo del norte, representado por Mi Xizi y Cheng Changgeng, y transformó la imagen de Guan Yu de una solemnidad del norte a un poder y pasión del sur. Esto implicó una disminución de la deificación excesiva de Guan Yu y una mayor atención a su poder y heroísmo. Wang Hongshou introdujo diversas innovaciones en la interpretación de Guan Yu, incluyendo el maquillaje facial, los trajes, las posturas, los patrones de lucha, la actuación de danza, el canto y la recitación.

En cuanto al maquillaje facial, Wang aumentó las líneas y destacó los colores al modificar la aplicación del rubor en las mejillas mediante el uso de los dedos y al delinear los contornos faciales y las arrugas con un lápiz. Además, modificó la barba artificial original, que era una barba negra completa, y la reemplazó por una barba negra compuesta por tres hebras separadas. Diseñó

un casco guerrero, una armadura suave con peto y un sable especial llamado *qing long* (en forma de media luna y decorado con un dragón tallado) exclusivamente para Guan Yu. Wang se inspiró en estatuas y retratos de Guan Yu para crear diversas posturas y movimientos, especialmente en lo que respecta al montar a caballo y manejar el sable.

En cuanto a la técnica de canto, Wang adoptó melodías del *hui diao* (una ópera local tradicional de la provincia de Anhui) y las combinó con *chuiqiang* [吹腔] (un tipo de melodía de ópera tradicional acompañada de flauta de bambú) de la ópera de Kun, *mei hua ban* [梅花板] (una forma rítmica en la música de ópera tradicional), *nan yun ba zi* [南韵拔子] (un tipo de melodía en *hui diao* con un estilo claramente sureño), *xi pi* (uno de los principales modos en la ópera de Beijing, equivalente al modo mayor en la música occidental), *er huang* (uno de los principales modos en la ópera de Beijing, equivalente al modo menor en la música occidental) y *suo na er huang* [唢呐二黄] (melodía *er huang* acompañada de *suo na*, un instrumento de viento tradicional chino) para crear melodías exclusivas para Guan Yu.

En términos de actuación, Wang Hongshou integró varios estilos de interpretación, tanto de roles civiles como militares, incluyendo *lao sheng, wu sheng* (roles masculinos marciales) y *jia zi hua lian* [架子花脸] (roles masculinos con cara pintada, que enfatizan las habilidades de actuación), en la interpretación de *hong sheng*. Esto resultó en una actuación que combinaba solemnidad, calma, valentía y poder. Wang también creó un nuevo personaje, el novio, para Guan Yu, enriqueciendo la actuación de danza del personaje.

Entre las obras clásicas del papel de *hong sheng* se encuentran *Asistiendo al banquete solo* [单刀会], *Ahogando a las siete armadas* [水淹七军], *Cortando a Hua Xiong esperando ansiosamente el enfriamiento*

de la bebida [温酒斩华雄], *Batalla en la ladera de Baima* [白马坡], *Cortando a Yan Liang* [斩 颜 良], *Matando a Wen Chou* [诛 文 丑], *Levantando la túnica dada con sable en el puente de Baling* [灞桥挑袍], *Camino de Huarong* [华容道], *Encuentro en la ciudad de Gucheng* [古城 会], *La batalla en la ciudad de Changsha* [战长沙], etc. En estas obras, Wang Hongshou demostró su maestría interpretativa y su capacidad para transmitir las emociones y el poder del personaje de Guan Yu de manera impactante y memorable. Su contribución al desarrollo del papel de *hong sheng* y su estilo de interpretación influyeron en generaciones posteriores de actores de la ópera de Beijing.

Jiang Miaoxiang [姜妙香] (1890-1972)

Fue un reconocido actor de *xiao sheng* y el fundador de la escuela Jiang de *xiao sheng*. Desde joven, Jiang aprendió el papel de *qing yi* (un tipo de papel femenino en la ópera de Beijing) y debutó en el escenario a la edad de nueve años. Dos años más tarde, fue aceptado como actor oficial en una compañía teatral, lo que marcó el comienzo de su carrera. A los veintiún años, Jiang se vio obligado a cambiar su tipo de papel y comenzó a aprender el papel de Xiao Sheng. A pesar de las dificultades, mostró una perseverancia asombrosa al continuar actuando mientras aún estaba en proceso de aprendizaje, y finalmente se convirtió en un famoso actor de *xiao sheng*.

En un hito destacado de su carrera, Jiang compartió escenario con Mei Lanfong en la obra *Yu Tangchun*, formando una pareja que cautivó al público. Jiang y Mei colaboraron exitosamente durante cuarenta y seis años, generando una química artística incomparable y dejando una huella duradera en el mundo de la ópera de Beijing.

Conocido por su valiente liderazgo a lo largo de su dilatada carrera, Jiang Miaoxiang refinó las melodías del papel de *xiao sheng*

y creó muchas nuevas y hermosas, además de desarrollar técnicas de canto innovadoras. Esto dio origen a la escuela Jiang, una nueva corriente artística de interpretación de *xiao sheng*. La presencia escénica de Jiang era elegante y digna, a la vez que natural y sincera. Destacaba tanto en el canto como en la actuación, pero su habilidad en el canto era especialmente notable. Su voz era dulce y llena de energía. Al mejorar las melodías de *xiao sheng* mediante la absorción de melodías y métodos de canto tradicionales del papel de *qing yi* que había aprendido en su juventud, logró eliminar la feminidad inherente a esa técnica. Además, adoptó las melodías del papel de Wawa Sheng en las arias de *xi pi* y *er huang* (los dos modos principales en la música de la ópera de Beijing) para enriquecer y desarrollar aún más el repertorio de arias de *xiao sheng*.

En cuanto a las habilidades de recitación, Jiang prestaba especial atención a la pronunciación y la enunciación de cada palabra, además de enfatizar la intensidad y la velocidad de cada tono. Durante sus actuaciones, los movimientos de Jiang eran ordenados, precisos y hábiles. Con gran destreza, era capaz de crear personajes vívidos y retratar con precisión las emociones de cada uno de ellos. El arte de Jiang era ampliamente admirado por el público.

Jiang Miaoxiang era un experto en diversos tipos de roles de *xiao sheng*, incluyendo el *pao dai xiao sheng* (roles masculinos jóvenes en traje de corte, generalmente oficiales), *shan zi sheng* (roles masculinos jóvenes sosteniendo un abanico, generalmente eruditos), *qiong sheng* (roles masculinos jóvenes pobres) y *ling zi sheng* (roles masculinos jóvenes que usan cascos de guerreros decorados con largas plumas de faisán, generalmente jóvenes generales). Entre las obras maestras de Jiang se incluyen *Yu Tangchun* [玉堂春], *Historia* de Chen Daguan [状元谱], *Yang Yanhui visita a su madre* [四郎探母], *El fénix regresa a su nido* [凤还巢], *El pabellón de la estela imperial* [御碑 亭], *La experiencia del comercio de caballos* [贩 马 记], etc. Estas obras representan los logros sobresalientes de Jiang y son testimonio de su gran contribución al mundo de la ópera de Beijing.

Ye Shenglan [叶盛兰] (1914-1978)

Fue un destacado actor y fundador de la escuela Ye de *xiao sheng*. Después de dominar la escuela Cheng (Jixian), Ye Shenglan logró desarrollar y mejorar significativamente el estilo Cheng durante sus años de experiencia en el escenario. Se le elogiaba por su determinación y arduo trabajo en su entrenamiento desde una edad temprana. Su voz era suave, brillante y dulce, y su apariencia era atractiva. Se destacaba por su seguridad en la actuación y su habilidad para interpretar personajes diversos.

Ye Shenglan poseía un gran talento y habilidad interpretativa. Era experto en una variedad de óperas y estilos de roles, incluyendo *zhi wei sheng* (roles masculinos jóvenes que usan cascos de guerreros decorados con largas plumas de faisán, generalmente jóvenes generales), *shan zi sheng* (roles masculinos jóvenes sosteniendo un abanico, generalmente eruditos), *pao dai sheng* (roles masculinos jóvenes en traje de corte, generalmente oficiales) y *qiong sheng* (roles masculinos jóvenes pobres). Se ganó la reputación de ser la imagen viva de Zhou Yu y Lü Bu.

Ye Shenglan dejó una profunda huella en el mundo de la ópera de Beijing debido a su habilidad actoral excepcional y su contribución al desarrollo de la escuela Ye de Xiao Sheng. Su legado perdura como un referente en la interpretación de diversos personajes y estilos en la ópera tradicional china.

El estilo de interpretación de Ye Shenglan en los papeles de Xiao Sheng de la Escuela Ye era conocido por su técnica de canto clara, sonora y poderosa, que combinaba fuerza y flexibilidad. Tras absorber las mejores técnicas de actores talentosos, Ye Shenglan inventó tonadas inversas de *xi pi* y enfatizó el encanto masculino de los roles de *xiao sheng*, creando personajes con voces de canto ricas y variadas. Tomemos como ejemplo su interpretación del personaje de Lü Bu. Utilizó las tonadas de *xi pi* para resaltar las características arrogantes y dominantes de Lü Bu en *Disparando la alabarda (Yuan Men She Ji)*, mientras que en *El Pabellón Blanco (Bai Men Lou)*, utilizó tonadas melancólicas y plañideras para expresar su tristeza.

En cuanto a la técnica de actuación en la danza, Ye Shenglan prestaba atención a los detalles. Cuando interpretaba a generales militares, transmitía una impresión de fuerza y heroísmo impresionante. Por otro lado, cuando interpretaba a roles de *wen sheng* (joven masculino civil), se mostraba guapo, elegante y estudioso. Había diferencias notables en su representación de Zhou Yu y Lü Bu, aunque ambos pertenecían a los roles de Zhiwei Sheng. La actuación de Zhou Yu se centraba en resaltar su naturaleza académica, mientras que la de Lü Bu se enfocaba en mostrar su arbitrariedad. La interpretación de Zhou Yu implicaba una barbilla ligeramente hacia adentro, cejas relajadas, ojos levantados, labios ligeramente dibujados y boca cerrada. Los pasos eran tomados con control, levantando cada pierna con fuerza y bajándola de manera controlada. Por otro lado, la interpretación de Lü Bu se caracterizaba por mantener la cabeza alta, los ojos abiertos, los labios rizados y la boca abierta. El cuerpo se mantenía relajado, los pasos se tomaban con brazos balanceándose y las piernas se levantaban alto, permitiendo que flotaran al bajar.

Las obras maestras de Ye Shenglan son *El abanico de flores de durazno* [桃花扇], *El peinado de jade* [玉簪记], *El fénix que regresa a su nido* [凤还巢], *La serpiente blanca* [白蛇传], *Una reunión de héroes* [群英会], *Sueño en el jardín desierto* [游园惊梦], *Zhou Ren dedicando a su cuñada* [周仁献嫂], etc. En estas obras, Ye Shenglan demostró su habilidad para capturar la esencia de los personajes y transmitir sus emociones de manera vívida. Su interpretación era cautivadora y conmovedora, logrando transmitir la belleza y el poder de los papeles de *xiao sheng* de manera excepcional. A través de su dominio de la técnica vocal, la expresión corporal y la actuación en general, Ye dejó una huella duradera en el mundo de la ópera de Beijing y contribuyó significativamente al desarrollo y enriquecimiento del arte del *xiao sheng*.

Yang Xiaolou [杨小楼] (1878–1938)

Era conocido por su estilo enérgico y atlético en la interpretación de los papeles de *wu sheng*. Su actuación se caracterizaba por su habilidad para combinar movimientos vigorosos y elegantes con una expresión facial enérgica y apasionada. Yang dominaba diversas técnicas de lucha y acrobacias, lo que le permitía realizar impresionantes rutinas marciales en el escenario. Su voz resonante y clara se destacaba en el canto, donde utilizaba melodías sencillas pero expresivas. Además de su destreza física, Yang también tenía una gran habilidad para transmitir emociones a través de su actuación. Podía retratar tanto la valentía y la determinación en momentos de combate, como la ternura y la emotividad en escenas más tranquilas. Su dicción distintiva y su presencia carismática en el escenario lo convirtieron en un actor muy admirado y respetado. Yang Xiaolou dejó un legado duradero

en la ópera de Beijing, y su contribución al género de *wu sheng* sigue siendo reconocida y celebrada hasta el día de hoy.

El estilo de actuación de Yang Xiaolou, representado por la escuela Yang de *wu sheng,* era conocido por su enfoque poderoso, directo y distintivo. A través de su técnica de canto, Yang transmitía la fuerza y la intensidad de los personajes que interpretaba. Su recitación era precisa y clara, prestando especial atención a los tonos y matices de la pronunciación para expresar las emociones y las características individuales de cada personaje.

En términos de actuación física, Yang dominaba las habilidades marciales básicas y los movimientos elegantes y naturales. Sus representaciones de *wu sheng* se destacaban por la fuerza y la estabilidad de sus posturas. Su velocidad en las secuencias de combate y el manejo de armas eran aspectos destacados de su actuación.

Yang buscaba crear contrastes en su actuación, alternando entre momentos de acción y calma, rapidez y lentitud, y sutileza y directividad. Estos contrastes ayudaban a realzar el impacto de su interpretación y a transmitir la profundidad y complejidad de los personajes que representaba.

Además, Yang era reconocido por la creación de personajes completos y únicos. Aunque algunos de sus roles podían tener similitudes en apariencia, Yang los dotaba de personalidades distintivas. Por ejemplo, su interpretación de Ma Chao se centraba en transmitir su valentía, mientras que su representación de Zhao Yun destacaba su dignidad.

El enfoque de Yang en el drama marcial con canto civil se basaba en presentar la personalidad y la esencia del personaje, logrando un equilibrio entre la concepción artística y la autenticidad

en la interpretación.

Las obras maestras de Yang Xiaolou, como *La Pendiente de Changban* [长坂坡], *Carros en caída* [挑滑车], *La batalla en la ciudad de Jizhou* [战 冀 州], *El ataque de Gan Ning al campamento de Cao con cien jinetes* [甘宁百骑劫魏营], *El Paso de Pingyang* [阳平关], *La batalla en la ciudad de Wancheng* [战宛城], etc.

Gai Jiaotian [盖叫天] (1888-1971)

Gai heredó su arte de Li Chunlai, un destacado exponente del estilo sureño de interpretación masculina. Al combinar las mejores cualidades de diferentes estilos de interpretación, Gai desarrolló su propio enfoque distintivo y estableció la escuela Gai de *wu sheng*.

Como fundador de la escuela Gai, dejó una huella significativa en el arte de *wu sheng*. Su enfoque en el estilo sureño de interpretación y su especialización en *duan da wu sheng* contribuyeron al desarrollo y la diversificación del género.

La reputación de Gai Jiaotian como el primer valeroso *wu sheng* y su legado en la interpretación de los roles masculinos marciales lo convierten en una figura influyente y respetada en la ópera de Beijing. El estilo de actuación de Gai Jiaotian y la escuela Gai se caracterizaba por su enfoque en el modelado artístico de los personajes y la expresión del temperamento interno a través de movimientos externos. La actuación de Gai era nítida y fluida, adaptándose a la trama y la personalidad del personaje que interpretaba.

Uno de los aspectos distintivos del estilo de Gai era su habilidad para retratar diferentes personajes a través de diversos movimientos acrobáticos y estilos de combate. Incluso para el mismo personaje, Gai utilizaba diferentes estilos de actuación en diferentes obras, lo que permitía al público percibir cómo el personaje evolucionaba y

se desarrollaba a lo largo del tiempo. Un ejemplo destacado es su interpretación del famoso héroe Wu Song en obras como *Matar a un tiger* [打虎], *Montaña Wu Gong* [蜈蚣岭], etc. Esta versatilidad y habilidad para transmitir la transformación del personaje contribuyó a que Gai fuera reconocido como la imagen viva de Wu Song.

Entre las obras maestras representativas de Gai Jiaotian se encuentran *En el cruce de caminos* [三岔口], *Una flecha de odio* [一箭愁], etc. Estas obras destacan su talento en la interpretación de roles marciales y su capacidad para cautivar al público con su actuación dinámica y expresiva.

2. Rol de *dan*

Cheng Yanqiu [程砚秋] (1904–1958)

Ffue reconocido por su habilidad en el papel de *dan*, un papel femenino en la ópera de Beijing. A pesar de los desafíos que enfrentó durante su entrenamiento y las dudas sobre su voz más grave, Cheng perseveró y desarrolló un estilo único y distintivo en su actuación. Una de las contribuciones más importantes de Cheng fue su capacidad para utilizar su voz grave de manera efectiva en los roles femeninos. A través de su entrenamiento y orientación de maestros como Mei Lanfang y Wang Yaoqing, Cheng desarrolló un sonido característico y una técnica vocal que le permitió interpretar a los personajes femeninos con expresividad y autenticidad. Su voz grave se convirtió en su sello distintivo y contribuyó a la creación de una nueva dimensión en la interpretación de los papeles *dan*.

Además de su habilidad vocal, Cheng era conocido por su expresividad y habilidades de actuación. Tenía la capacidad de transmitir las emociones y los matices de los personajes a través de

sus movimientos, gestos y expresiones faciales. Su interpretación era rica en detalles y mostraba una profunda comprensión de los roles femeninos que retrataba. Dejó un legado significativo en la ópera de Beijing y es recordado como uno de los cuatro grandes actores *dan.* A través de su perseverancia y talento, superó las limitaciones y demostró que la voz no era un obstáculo para la excelencia en la actuación. Su estilo distintivo y su contribución al arte de la ópera de Beijing continúan siendo apreciados y admirados hasta el día de hoy.

Cheng Yanqiu fue especialmente elogiado por su habilidad en la interpretación de tragedias. Sus actuaciones en obras como *El monedero de joyas* [锁麟囊], *Espada Qingshuang* [青霜剑], *Wen Ji regresa a Han* [文姬归汉], etc., destacaron su maestría en este género.

En particular, *El monedero de joyas* [锁 麟 囊] fue considerada una de las actuaciones más destacadas de Cheng y un logro destacado de su estilo de canto dentro de la escuela Cheng. Esta obra le permitió demostrar su expresividad y habilidad para transmitir las emociones y los sentimientos trágicos de los personajes a través de su voz y actuación. Además de estas obras, Cheng Yanqiu también dejó un legado con otras actuaciones destacadas en tragedias y obras clásicas. Su talento y dedicación a su arte lo llevaron a convertirse en uno de los actores más destacados en su campo.

Xun Huisheng [荀慧生] (1900–1968)

Xun Huisheng fue un talentoso actor conocido por su habilidad en los roles de *qing yi*, *hua dan* y *dao ma dan*. Sin embargo, destacó especialmente en la interpretación de chicas jóvenes inocentes, animadas y de buen corazón. Su estilo de actuación en el escenario era afectuoso, natural y realista, lo que le permitía transmitir la verdadera esencia de los personajes.

Enriqueció la ópera de Beijing al incorporar la esencia de la ópera *bang zi* en su trabajo. También fue innovador en el arte de la recitación, creando un nuevo estilo llamado *xie bai* [谐 白] que combinaba el dialecto de Beijing utilizado en el escenario [京 白] con un discurso estilizado [韵白]. Esta combinación de elementos le dio a su actuación un toque distintivo y único.

Además de su talento en la recitación, también se destacó en la danza. Introdujo movimientos delicados, encantadores y realistas que enriquecieron aún más sus actuaciones. A través del uso expresivo de sus ojos, lograba transmitir la psicología y las emociones de los personajes femeninos que retrataba.

Entre las obras representativas de Xun Huisheng se encuentra *Recogiendo la Pulsera de Jade* [拾 玉 镯], *Du Shiniang* [杜 十 娘], *La casamentera* [红 娘], etc. Esta obra demostró su maestría en la interpretación de personajes jóvenes y su capacidad para transmitir con sensibilidad la personalidad y las emociones de sus roles.

Xun Huisheng dejó un legado significativo en el mundo de la ópera de Beijing, y su contribución al arte escénico sigue siendo reconocida y admirada hasta el día de hoy.

Mei Lanfang [梅兰芳] (1894–1961)

Fue un actor dan (rol femenino) excepcionalmente talentoso y uno de los más importantes de los cuatro grandes actores *dan*. También es ampliamente reconocido como un maestro artístico y el representante mundial de las artes teatrales chinas.

Nacido en una familia de actores, Mei Lanfang comenzó a aprender ópera de Beijing a una edad temprana y realizó su debut en el escenario a los once años. Su carrera artística se extendió por más de cincuenta años, durante los cuales realizó diversas reformas y

contribuciones significativas a la ópera en áreas como composición, dirección, interpretación, canto, música, maquillaje, vestuario, iluminación y accesorios.

En particular, Mei Lanfang revolucionó la interpretación del *dan* al introducir una técnica más realista y expresiva. Su habilidad para retratar personajes femeninos con gracia, elegancia y emotividad lo convirtió en una figura destacada en el arte de la ópera de Beijing. También se destacó en la creación de vestuarios y peinados históricamente precisos al consultar obras de arte históricas, lo que agregó autenticidad y belleza a sus actuaciones.

Entre las obras representativas de Mei Lanfang se encuentran *La espada cósmica* [宇宙锋], *La concubina imperial se embriaga* [贵妃醉酒], *El rey se despide de su favorita* [霸王别姬], *La doncella celestial esparce flores* [天女散花], *El cuento de Taizhen* [太真外传], *Mu Guiying Toma el Mando* [穆桂英挂帅], etc. Estas obras demostraron su versatilidad y maestría en la interpretación de diversos personajes y géneros. El legado de Mei Lanfang en la ópera es incuestionable, y su influencia en el desarrollo y la promoción de este arte tradicional chino es profunda y perdura hasta el día de hoy.

Shang Xiaoyun [尚小云] (1900-1976)

El estilo de canto de Shang se caracteriza por su vigor. Es un artista completo con destacadas habilidades en canto, declamación, actuación y combate acrobático. Su estilo se ejemplifica mejor al interpretar personajes femeninos con una gran determinación, como guerreras o mujeres en posiciones de poder. Uno de los principales desafíos para un intérprete de roles tradicionales de dan es una obra de teatro en la que el protagonista debe cantar arias sostenidas y demostrar habilidades destacadas en combate. Cantar y combatir

acrobáticamente son dos habilidades completamente diferentes, y los artistas se entrenan desde jóvenes en solo una de ellas. Para poder ejecutar ambas habilidades con un alto nivel se requiere talento y un riguroso entrenamiento. Shang es uno de esos intérpretes. Él crea una amplia variedad de nuevas obras combinando estas dos habilidades. En el proceso de creación de estas nuevas obras, Shang también ha desarrollado dos tipos de personajes cuya actuación en el escenario ejemplifica mejor las habilidades combinadas que ha inventado. El primer tipo de personaje está compuesto por guerreras que asumen roles de liderazgo en un ejército, como Qin Liangyu o Lin Siniang en las obras que llevan sus nombres. Qin Liangyu es una auténtica general femenina de la dinastía Ming, mientras que Lin toma el mando militar cuando su esposo muere en una batalla. En ambas obras, las protagonistas femeninas visten uniformes militares y realizan danzas con espadas mientras cantan largas arias en el escenario. La danza con espadas se fusiona musical y rítmicamente con el canto, mostrando un heroísmo digno y una valentía femenina. El segundo tipo de personaje retrata a mujeres jóvenes de minorías étnicas. Por ejemplo, en *El pueblo enamorado* [相思寨], la protagonista es una joven de la etnia Miao, que viste trajes étnicos Miao y lleva un largo cuchillo en la cintura. Ella realiza simultáneamente canto y baile de manera vibrante y animada, lo cual es poco común en una mujer china tradicional. Las chicas étnicas retratadas por Shang se diferencian de las mujeres chinas tradicionales porque no están limitadas por la tradición confuciana codificada que dicta el comportamiento social de las mujeres. Se muestran más cercanas a su naturaleza. Debido a la falta de fuentes, el público contemporáneo no puede ver las actuaciones de Shang en videos o películas.

Gong Yunfu [龚云甫] (1862–1932)

Fue un destacado actor de *lao dan*. Inició su carrera como *lao sheng* y luego se convirtió en *lao dan*. Tuvo la oportunidad de trabajar con actores famosos como Mei Lanfang y Yang Xiaolou. Gong fue invitado en tres ocasiones a actuar en Shanghai como actor principal. Gracias a su dedicado entrenamiento y asimilación cuidadosa, Gong Yunfu estandarizó el canto, la recitación y la actuación de danza, llevando la interpretación del *lao dan* a un nuevo nivel artístico. Fue gracias a sus esfuerzos que el *lao dan* se estableció como un tipo de rol independiente en la ópera de Beijing. Gong enfatizaba la claridad en el canto y la recitación, poseía una voz expresiva y melodiosa, y demostraba un control excepcional. En sus actuaciones, se aseguraba de que la encarnación de su personaje estuviera estrechamente relacionada con la identidad del rol que interpretaba, y destacaba por su habilidad en el uso de expresiones faciales. Su estilo era único y su influencia se reflejó en la creación de la escuela Gong.

Entre las obras representativas de Gong Yunfu se encuentran *El cuento de una tortuga* [钓金龟], *La madre de Xu Shu regaña a Cao Cao* [徐母骂曹], *Despidiéndose de la corte* [太君辞朝] y *Golpeando al traje de dragón* [打龙袍]. Estas obras demostraron su destreza y maestría en la interpretación del *lao dan*, y contribuyeron a su reconocimiento como actor destacado en su campo.

Li Duokui [李多奎] (1898–1974)

Fue un destacado actor de *lao dan* en la ópera de Beijing. Comenzó su formación en la ópera de Hebei y en el papel de *lao sheng* a una edad temprana, pero luego cambió al papel de *lao dan* cuando su voz cambió. Su primer papel importante fue en la interpretación de *El cuento de una tortuga* en 1923, lo que le valió una gran fama instantánea. Li Duokui combinó las habilidades que había aprendido con su propio talento artístico para convertirse en uno de los cantantes de *lao dan* más importantes de su época. En la década de 1940, Li Duokui estableció la escuela Kui, también conocida como la escuela Li, que se hizo famosa por su estilo de canto caracterizado por una música vocal sencilla y elegante, llena de encanto. Sus interpretaciones eran distintivas y cautivadoras. Además de su destacada actuación en el escenario, Li también tuvo logros en la industria cinematográfica, protagonizando la película *Ejecutando a Chen Shimei* [铡美案] en 1963.

Fue reconocido por su habilidad y talento en la interpretación del papel de *lao dan*, y sus actuaciones dejaron una profunda impresión en el público. Sus obras representativas incluyen *El anhelo de una madre por el regreso de su hijo a casa* [望儿楼], *Pueblo Chisang* [赤桑镇], *Yang Yanhui visita a su madre* [四郎探母], *Encuentro con la emperatriz* [遇皇后], *Gran boda en el campamento enemigo* [龙凤呈祥], *El general Yang Yanzhao ejecuta a su hijo* [辕门斩子]. Estas obras destacan su habilidad y talento en la interpretación del *lao dan*, y contribuyeron a su reconocimiento como uno de los grandes actores de su tiempo.

3. Rol de *jing*

Jin Shaoshan [金少山] (1890-1948)

Fue un destacado actor de los papeles de *tong chui hua lian*. Es reconocido como el fundador de la escuela Jin, que se caracteriza por su estilo de interpretación vigoroso y magnífico, y por su destreza en las habilidades de canto. Jin fue pionero en la integración de las

cuatro habilidades de la ópera –canto, recitación, actuación de danza y lucha– para los papeles de cara pintada, rompiendo las estrictas divisiones entre estas habilidades.

Desde temprana edad, Jin Shaoshan aprendió habilidades de actuación de su padre, quien también era un reconocido actor de la Ópera de Beijing. Heredando las melodías de *tong chui hua lian* de su padre, Jin desarrolló su propio estilo al sincronizar las artes del canto y la actuación de danza. Además, Jin se destacó en la interpretación de líneas y la articulación de palabras, desarrollando un estilo más elaborado en comparación con otros actores de *tong chui hua lian*.

La voz de Jin era fuerte y clara, y su técnica vocal se caracterizaba por el uso científico de las cavidades de la cabeza y el pecho para producir resonancia. Revolucionó las técnicas vocales de los papeles de cara pintada, mejorando los métodos existentes que solían ser más parecidos a gritos. En las décadas de 1930 y 1940, el enfoque de canto constante y fluido de Jin elevó las técnicas de canto de los papeles de cara pintada a su nivel más alto.

Entre las obras representativas de Jin Shaoshan se encuentran *Ejecución de Xiongxin* [锁五龙], *Paso de Caoqiao* [草桥关], *Paso de Bailiang* [白良关], *Montaña Feihu* [飞虎山], etc. Estas obras destacan su habilidad y talento en la interpretación de los papeles de cara pintada, y su contribución al desarrollo de la ópera de Beijing. Jin Shaoshan dejó un legado duradero en el campo de las artes teatrales chinas.

Qiu Shengrong [裘盛戎] (1915-1971)

Fue un destacado actor de los papeles de *Tong chui Hua lian* en la ópera de Beijing. Aprendiendo de su padre, Qiu absorbió los mejores elementos del canto y la actuación de danza de cada escuela

para formar su propia escuela Qiu. Su contribución más destacada fue el desarrollo de un nuevo método de canto que inyectaba suavidad en la voz de los papeles Jing, marcando un hito importante en el desarrollo de las técnicas vocales en la ópera de Beijing, después de Jin Shaoshan.

Qiu Shengrong comenzó a aprender actuación de su padre, Qiu Guixian, quien también fue un reconocido actor de los papeles de cara pintada. Desde una edad temprana, Qiu se destacó en los papeles de *tong chui hua lian* y también brilló en el papel de Jia *zi hua lian*, que involucraba posturas más elaboradas. Su voz tenía la capacidad de expresar energía y agitación, así como suavidad y eufemismo. Qiu estudió cuidadosamente el significado y los tonos de las partes recitadas, y utilizó sus técnicas vocales de manera efectiva para dar vida a cada personaje de manera vívida y estéticamente atractiva.

A lo largo de su larga carrera en el escenario, Qiu Shengrong logró comprender lo que agradaba al público y, a través de una investigación continua, creó un estilo de canto único para la escuela Qiu. Basándose en las melodías tradicionales de los papeles Jing, combinó sus propias melodías con las suaves y líricas de los papeles *lao sheng* y *qing yi*, creando un estilo suave y sutil. Sus logros artísticos hicieron una gran contribución al desarrollo de la ópera de Beijing y a la evolución del canto en los papeles Jing.

Entre las obras representativas de Qiu Shengrong se encuentran *Templo Famen* [法门寺], *Encuentro con la emperatriz* [遇皇后], *Paso de Muhu* [牧虎关], *Ejecución de Chen Shimei* [铡美案], etc. Estas obras reflejan la habilidad y el talento de Qiu en la interpretación de los papeles de cara pintada, así como su contribución al desarrollo y enriquecimiento del repertorio de la ópera de Beijing.

Hao Shouchen [郝寿臣] (1886-1961)

Fue un destacado actor de los papeles de Jia *zi hua lian*. Fundó la escuela Hao en la década de 1920, que se convirtió en una de las tres escuelas importantes de los papeles Jing, junto con las escuelas Jin y Hou.

Hao Shouchen se especializó en la interpretación de papeles de *jia zi hua lian* y participó en más de doscientas óperas de Beijing a lo largo de su carrera. Absorbió las técnicas de canto de los papeles de *tong chui hua lian*, que ponen un gran énfasis en el canto, y las fusionó perfectamente con su actuación de danza y posturas corporales. Hao era conocido por su habilidad para la caracterización y realizó numerosas innovaciones en los papeles de *jia zi hua lian*.

Además de su actuación, Hao Shouchen también fue un creador de nuevas obras. Algunas de sus creaciones son *La biografía de Jing Ke* [荆轲传], *El pueblo de Taohua* [桃花村], *Niugao se casa* [牛皋招亲], *Luchando contra Caobao* [打曹豹], *Robando el caballo imperial* [盗御马], *El bosque del jabalí salvaje* [野猪林], *Ejecución de Ma Su* [斩马谡], etc.

Hou Xirui [侯喜瑞] (1892-1983)

Fue un destacado actor de los papeles de *jia zi hua lian*. Fundó la escuela Hou, que se caracterizó por su enfoque integral en el canto, la recitación, la actuación de danza y la pintura facial. Hou se esforzó por capturar la energía interna, la manera y el espíritu [精气神] de los personajes y creía en la importancia de mostrar cortesía en los roles marciales y habilidades marciales en los roles civiles.

Hou Xirui comenzó su entrenamiento profesional a los ocho años bajo la tutela de Huang Runfu, un actor reconocido de los papeles Jing. La escuela Hou se formó al fusionar varios elementos y técnicas. La actuación de Hou se caracterizaba por su meticulosidad y energía, y ponía un fuerte énfasis en la belleza de las formas. Él creía en la importancia de comprender la trama, el contenido y las palabras de cada pieza. Su enfoque riguroso en el canto y la recitación, así como su atención a los patrones de rima, se reflejaban en su voz áspera pero expresiva. Además, la escuela Hou se hizo famosa por sus técnicas únicas de pintura facial, que se destacaban por su detalle y vivacidad.

Tanto las habilidades de actuación como las habilidades de habla eran igualmente importantes en el repertorio de la escuela Hou. Hou Xirui interpretó varios papeles destacados, como Huang Gai en *El encuentro de los héroes* [群 英 会], Ma Su en *La pérdida de jieting* [失街亭] y Cao Cao en *Batalla en Puyang* [战濮阳], *Ladera de Changban* [长坂坡], *Batalla en Wancheng* [战宛城], *Paso de Yangping* [阳平关], etc.

Qian Jinfu [钱金福] (1862-1937)

Fue un destacado actor de los papeles de *wu jing* en la ópera de Beijing. Desde su infancia, se dedicó al aprendizaje del papel y fue enseñado por influyentes maestros como Yu Shuangshou y Chong Fugui. En 1911 comenzó a colaborar con Tan Xinpei. Qian era conocido por sus habilidades en las artes marciales, y su actuación reflejaba valentía animada y un espíritu heroico que evocaba el comportamiento de grandes generales. A menudo compartía escenario con renombrados actores como Tan Xinpei, Yu Shuyan y Yang Xiaolou. En sus últimos años, se dedicó a la enseñanza, transmitiendo su experiencia a las nuevas generaciones de actores.

La contribución de Qian Jinfu al desarrollo del arte de la pintura facial para los papeles *jing* fue significativa. Por ejemplo, en el papel de Xia Houyuan en *Montaña Dingjun* [定 军 山], Qian introdujo cambios en el diseño del maquillaje facial, pasando de un patrón negro torcido [黑歪花脸] a un patrón en forma de cruz negra [黑花十字] para resaltar el poder del personaje. Qian era hábil en el trazado de líneas bien proporcionadas y creaba diseños hermosos y expresivos, ya sea para representar una cara envejecida, una cara completa o un patrón facial fragmentado. Sus innovadores diseños ayudaban a resaltar eficazmente las diferentes emociones de los personajes en el escenario.

Las obras representativas de Qian Jinfu son *Templo Xiangmei* [祥梅寺], *Paso de Wakou* [瓦口关], *Montaña Tielong* [铁笼山], *Batalla en Wancheng* [战宛城], *Montaña Qingshi* [青石山], etc.

Fan Baoting [范宝亭] (1887-1944)

Destacado actor de los papeles de *wu jing* en la ópera de Beijing, siguió los pasos de su padre, Fan Futai, quien también fue un renombrado actor en el mismo género. Desde temprana edad, Fan Baoting se sumergió en el mundo de la actuación, ingresando a la educación profesional [科班]. Gracias a su formación, Fan desarrolló una sólida base en artes marciales y se destacó tanto en los roles de *chang kao* [长靠] (que usan armadura) como en los roles de *duan da* [短打] (luchas cuerpo a cuerpo). Su dominio en acrobacias era incomparable, demostrando una habilidad que dejaba asombrado al público. Las posturas corporales de Fan eran elegantes, como si estuviera bailando en el escenario. Sin embargo, su estilo de actuación iba más allá de las habilidades acrobáticas, ya que siempre las utilizaba de manera coherente con las necesidades de los personajes y la trama.

Fan Baoting también participó en la creación y ensayo de muchas obras nuevas junto a otros actores famosos, dejando su

huella en las actuaciones conjuntas. Por ejemplo, trabajó con Gao Qingkui en *Edificio Xunyang* [浔 阳 楼], con Cheng Yanqiu en *Derramando lágrimas en la montaña estéril* [荒山泪] y *Chen Liqing* [陈 丽卿], y con Shang Xiaoyun en *El Encuentro en el río Xiang* [湘江会] y *El ejército de mujeres* [娘子军].

Entre las obras representativas de Fan Baoting se encuentran *Torre Leifeng* [雷峰塔], *Edificio Xunyang* [浔阳楼], *La espada de Emei* [峨眉剑], etc. Estas obras destacan por su interpretación magistral y su contribución al enriquecimiento del repertorio de la ópera. El talento y la dedicación de Fan dejaron una marca perdurable en la historia del teatro chino.

4. Rol de *chou*

Xiao Changhua [萧长华] (1878–1967)

Conocido como Baoming o Hezhuang, fue un destacado actor de *wen chou* en *la ópera* de Beijing. Originario de Jiangxi y nacido en Beijing, se le considera el padre fundador de las escuelas de *chou* debido a su destacada actuación en este género. Xiao recibió su formación bajo la tutela del actor Song Wantai y también absorbió técnicas de Huang Sanxiong y Liu Gansan. A través de sus propias innovaciones, creó la escuela Xiao, que se convirtió en una de las más influyentes en la actuación de los papeles de *chou*.

La carrera de Xiao Changhua abarcó casi setenta años, durante los cuales se destacó no solo como actor de *chou*, sino también como maestro que enseñó a estudiantes de los roles de *sheng, dan* y *jing*. Aplicó su maestría de manera profunda y seria, buscando mostrar la complejidad de la condición humana a través de sus interpretaciones. Retrató a los personajes en todas sus formas imaginables, demostrando cómo los personajes que carecen de espíritu resultan incompletos, fríos o humorísticos. Además, Xiao era especialmente hábil en el *fang jin chou*, un subgénero de la actuación de *chou* que se caracteriza por un tono cómico y burlón.

El legado de Xiao Changhua en la ópera de Beijing es significativo, ya que su enfoque artístico y sus innovaciones han dejado una huella duradera en la interpretación de los papeles de *chou*. Su dedicación y habilidades le han valido un lugar destacado en la historia del teatro chino.

Ye Shengzhang [叶盛章] (1912-1966)

También conocido como Huan o Yaoru, fue un destacado actor de *wu chou*. Originario del condado de Taihu en la provincia de Anhui y nacido en Beijing, provenía de una familia de artistas y heredó su talento artístico. Aprendió obras de *wu chou*, que se caracterizan por ser payasos marciales, de Wang Changlin, y obras de *wen chou*, que son payasos civiles, de Xiao Changhua y Guo Chunshan.

Ye Shengzhang se destacó por su recitación clara y su habilidad pulcra en las artes marciales. Además, fue un innovador en la reforma del repertorio tradicional de la ópera de Beijing. Introdujo numerosas acrobacias nuevas que le permitieron establecer su propio estilo artístico distintivo. Sus innovaciones contribuyeron al desarrollo y la evolución de la actuación de *wu chou*, enriqueciendo el repertorio y brindando nuevas posibilidades creativas. Con su destreza técnica y su enfoque único, Ye Shengzhang dejó una marca significativa en la ópera de Beijing y se convirtió en uno de los actores más reconocidos de su época. Su legado artístico sigue siendo apreciado y recordado en la historia del teatro chino.

Capítulo 4.

La representación de la ópera de Beijing

La ópera de Beijing manifiesta tres atributos significativos en términos de su desempeño artístico. En primer lugar, resalta su carácter integral, patente no solo en su modalidad de canto, sino también en su técnica interpretativa. El polifacético arte escénico de esta ópera abarca música, danza, pintura, artes marciales, acrobacias y literatura. La fusión armónica de estas formas de arte, entretejidas sin fisuras en la ópera de Beijing, nutre el espectáculo con una variedad de elementos artísticos propicios para un desarrollo duradero.

El segundo atributo es su virtualización. Esto es especialmente notable en los dramas tradicionales, donde los espectadores se encuentran con un escenario desprovisto de elementos, salvo una mesa o un par de sillas. La mesa puede simbolizar una muralla de ciudad o una alta montaña. El escenario puede transportarnos a una corte real o a un campo de batalla. Con un látigo en la mano, el intérprete da la impresión de montar a caballo o a burro. Con el gesto de alimentar a un pollo o un pato, complementado con la expresión verbal adecuada, el artista da vida a un animal virtual en escena. Esta virtualización escénica armoniza con la estética tradicional china en pintura y poesía; apela a la imaginación del espectador o lector para evocar lo no explicitado en un poema o lo sugerido en los espacios vacíos de una pintura. En la ópera de Beijing, recae en el público la responsabilidad de completar lo ausente físicamente en el escenario.

El tercer atributo es su formalización. La ópera de Beijing es una manifestación artística altamente estructurada, con formas predefinidas en canto, diálogo y demás aspectos de la interpretación, incluyendo máscaras y vestuario. Por ejemplo, cuando el protagonista está por hacer su aparición, generalmente narra una semblanza

personal. Además, la máscara de un personaje en particular informa al público acerca del rol que este desempeñará a lo largo de la obra. La formación de los artistas se rige rigurosamente por estas normas establecidas, a fin de garantizar tanto la estética artística como una interpretación de alta calidad. Estos tres atributos configuran a la ópera de Beijing como un arte diverso en su forma, coherente en su interpretación y una parte integrada e ineludible de la cultura china.

1. La música de la ópera de Beijing

El canto, sin duda, desempeña el rol principal dentro de las cuatro habilidades de la ópera de Beijing. Como se señaló previamente, la melodía de esta ópera es una síntesis de varias melodías procedentes de diferentes óperas regionales. Las dos melodías más relevantes, *xi pi* y *er huang*, derivan de la ópera Han de la provincia de Hubei. De estas, *xi pi* tiene su origen en la ópera Qin de la provincia de Shaanxi, mientras que *er huang* proviene de la provincia de Anhui. Son las Cuatro grandes compañías Hui las que introducen en la capital la melodía combinada de *xi pi* y *er huang*, que posteriormente se fusiona con la *chui qiang* [吹腔] de la ópera Qin para dar lugar a la melodía oficial de la ópera de Beijing.

Las melodías de *er huang* y *xi pi* se interpretan con el instrumento *jing hu* (para más información, consulte la sección de instrumentos musicales). Afinadas en las tonalidades de do y sol, las melodías de *er huang* poseen una suavidad estable, idóneas para expresar un estado de ánimo introspectivo y emociones melancólicas. Por el contrario, la melodía de *xi pi* es alegre, lúcida y vivaz. Afinada en las tonalidades de la y re, sus melodías son agudas, apropiadas para representar emociones de júbilo e indignación.

Ambas melodías comparten un compás estándar de dos tiempos por compás, aunque con diferentes ritmos.

El *yuan ban* [原 板] (compás primario) es la base de todos los compases, consta de un golpe de castañuelas seguido de un golpe de tambor. Principalmente se emplea para narrar historias y expresar emociones introspectivas.

El *man ban* [慢 板] (compás lento) es un compás lento con un golpe de castañuelas seguido de tres golpes de tambor. Debido a que la melodía es hermosamente lírica, se utiliza en las arias principales.

Los términos *san ban* [散板] o *yao ban* [摇板] (compás suelto) se utilizan indistintamente. Dado que poseen compases libres, permiten expresar libremente las emociones de los personajes, mayormente, emociones de tristeza, agonía y enfado. En cuanto a su sincronía con el canto, *san ban* es una melodía lenta acompañada de un canto igualmente lento; pero *yao ban* tiene un tempo mucho más rápido acompañado de un canto lento.

El *dao ban* [导 板] (compás de liderazgo), de estilo similar al *san ban*, se utiliza como la primera frase de una aria. Comúnmente seguido por el *hui long, dao ban* inicia con una melodía extendida, expresando emociones agitadas y excitadas.

El *fan er huang* [反 二 黄] (*er huang* invertido) está afinado cuatro tonos por debajo de *er huang*. Al reducir la melodía, se amplía el rango musical. Es comúnmente utilizado para representar desolación y miseria.

El *hui long* [回 龙] (literalmente, dragón que regresa) se añade a *san ban, er liu* (para más información, consulte *er liu*) o *kuai ban* (para más información, consulte *kuai ban*) para expresar ciertos pensamientos estratégicos.

El *er liu* [二 六] (dos y seis), que se desarrolla a partir del *yuan*

ban, es un compás que comprende un golpe de castañuelas seguido de un golpe de tambor. En comparación con el *yuan ban*, su ritmo es más compacto con un marcado contraste entre melodías fuertes y suaves. El *er liu* más rápido tiene un flujo constante similar al agua, comúnmente utilizado en contextos de persuasión, descripción de escenas o expresión de emociones alegres.

El *liu shui* en *xi pi* [西皮流水] (agua fluyente) es más compacto que el *er liu*. Con un compás de 1/4, también se utiliza para narrar eventos o expresar emociones placenteras y estimulantes.

El *kuai ban* [快 板] (compás rápido), como su nombre indica, es un compás rápido, idóneo para la narración de eventos o la expresión de emociones alegres.

El *fan xi pi* [反 西 皮] (*xi pi* invertido) no es necesariamente el compás inverso de *xi pi*. Se desarrolla en una etapa posterior de la ópera de Beijing, y solo existe en *san ban*, *yao ban* y *er liu*. En ocasiones, se utiliza en la melodía descendente del pareado de *xi pi*, transformando así una melodía de *xi pi* en una melodía de *er huang*. Se usa comúnmente en situaciones extremadamente tristes.

El *nan bang zi* [南梆子] (*bang zi* del sur) es similar a *xi pi yuan ban* y *er liu* en la estructura del canto, y se puede utilizar con melodías *xi pi*. Afinado en las tonalidades de la y re, se utiliza solo por los roles de *xiao sheng* y *chou* en los dramas tradicionales, expresando sentimientos sutiles y refinados.

El *gao ba zi* [高 拔 子] (tirador alto) se deriva de la melodía de la ópera Qin. Se interpreta con el instrumento *suo na* u oboe. En la ópera Qin u otras óperas regionales, a menudo transmite un estado de ánimo de desolación, adecuado para acentuar el conflicto entre la vida y la muerte. Pero, al utilizarse en la ópera de Beijing, se combina tanto con *xi pi* como con *er huang* para expresar un dolor

agudo.

La *chui qiang* [吹　腔] (melodía soplada) tiene su origen en la ópera Hui o en la ópera Qin. Se utiliza en melodías fijas de ritmo irregular, que a menudo expresan un estado de ánimo de tristeza reflexiva. Principalmente, es una melodía de acompañamiento interpretada por la flauta de bambú vertical o *di zi* en la ópera de Beijing.

2. Instrumentos musicales de la ópera de Beijing

A diferencia de las óperas occidentales, donde la orquesta permanece fuera de la vista del escenario, en las óperas de Beijing tradicionales la orquesta o el conjunto musical se sitúan en el escenario. Normalmente, este conjunto está compuesto por seis a ocho músicos que tocan distintos instrumentos. El director no está separado de la orquesta como ocurre en las orquestas occidentales. En su lugar, es él o ella quien controla el tempo de la actuación utilizando castañuelas y un pequeño tambor. Otros instrumentos incluyen cuerdas, vientos y percusión, cada uno de los cuales se emplea para escenas específicas. En general, los instrumentos de cuerda y viento se utilizan para acompañar lo que se conoce como *wen chang* o escenas civiles, mientras que la percusión es principalmente para *wu chang* o escenas marciales.

Las escenas civiles se refieren a las escenas dramáticas en las que el canto es la actuación predominante. Los instrumentos utilizados para las escenas civiles incluyen *jing hu*, *er hu*, *yue qin*, flauta y *suo na*. Las escenas marciales representan batallas militares o luchas, y los instrumentos utilizados son las castañuelas, tambores, gongs grandes y pequeños. Como acompañamiento musical, estos

instrumentos también pueden contribuir a crear cierto estado de ánimo imitando el relincho de los caballos en el campo de batalla, el viento y el trueno en la naturaleza, así como el tañido de la mañana o el tambor de la tarde para indicar la hora. A continuación, se presenta una lista de los principales instrumentos musicales en la ópera de Beijing.

La *suo na* [锁呐] es un instrumento de viento de tono fuerte y agudo. Además de ser un instrumento de acompañamiento, puede imitar el relincho de un caballo o el canto de un gallo.

El *ban gu* [板 鼓] es un tambor con un marco de madera, cubierto en un extremo con piel de animal. Colgado de un marco de madera o bambú con cuerdas, es utilizado por el maestro tamborilero ya sea para controlar el tempo del rendimiento completo o para realzar ciertos estados de ánimo durante la interpretación concurrente de otros instrumentos de percusión.

El *ban* [板] es una claqueta de madera dura utilizada por el maestro tamborilero para controlar el tempo en el canto y la actuación.

El gong [锣] incluye el gong grande y el gong pequeño. El gong grande se utiliza principalmente para señalar la entrada y salida de un dignatario, ya sea un general o un alto funcionario. El gong pequeño, por otro lado, se utiliza para crear sonidos suaves, claros y melódicos para acentuar ciertos estados de ánimo, como el humor. A menudo se usa para acompañar a personajes de funcionarios civiles o mujeres.

El *bo* [钹], que se toca en parejas en la ópera de Beijing, está hecho de bronce, y se usa de manera concurrente con ambos gongs, grande y pequeño, para realzar ciertos estados de ánimo.

3. Diseños faciales

El diseño facial es un componente esencial de la ópera de Beijing. Desarrollado a lo largo de más de doscientos años, ya sea a través de la adopción de técnicas de maquillaje de otras óperas regionales o a través de su propia perfección, se ha convertido en un arte en sí mismo. Similar a la actuación en el escenario de la ópera de Beijing, los diseños faciales también están altamente estandarizados. Por ejemplo, para los roles de *sheng* y *dan*, los diseños faciales buscan embellecer los rostros de acuerdo con la estética tradicional. El maquillaje para los roles de *jing* y *chou*, por otro lado, busca representar o incluso exagerar los personajes. El maquillaje facial exagerado es una característica destacada del diseño facial en la ópera de Beijing. Se aleja deliberadamente de la apariencia natural de un personaje, o caricaturiza a un personaje con diseños faciales irreales. El diseño facial busca resaltar ciertas características de una persona. Por supuesto, la distorsión no puede llegar al punto de ser irreconocible; se adhiere estrictamente a las reglas en términos de puntos, líneas, formas y proporción de colores. Los colores son altamente simbólicos. Por ejemplo, el rojo simboliza la lealtad, como la cara de Guan Yu; el blanco representa la traición; el negro indica rectitud, el amarillo crueldad; el azul y el verde denotan una personalidad ruda y degradada. Por diversificados que puedan parecer, los diseños faciales se dividen básicamente en cuatro categorías: rostro completo, rostro de tres facetas, rostro fragmentado y rostro de imitación, y también hay subcategorías.

El rostro completo [整脸] es un diseño con un color particular como el color dominante, por ejemplo, la cara roja para Guan Yu y la cara blanca para Cao Cao, el emperador del Reino Wei.

Normalmente, solo alrededor del sesenta por ciento del rostro se pinta con el color dominante, mientras que el resto, notablemente las cejas, se pinta de negro.

El rostro de tres facetas [三 块 瓦 脸] es el diseño facial más común en la ópera de Beijing. Primero, se pinta todo el rostro con un color base, seguido de resaltar los ojos, la nariz y la boca con color negro. Luego, se divide todo el rostro en tres secciones en forma de teja. El último paso es usar una variedad de colores para pintar la frente y las mejillas de acuerdo con los personajes.

El rostro fragmentado [碎 脸], también llamado rostro inclinado, es un diseño para los personajes malvados o criminales. La cara se pinta de tal manera que parece retorcida, deformada y asimétrica; el personaje puede tener los ojos inclinados, o todos los órganos faciales están completamente desproporcionados.

El rostro de imitación [象 形 脸] se usa con frecuencia en la ópera de Beijing para representar animales, dioses o duendes. Dado que nadie ha visto realmente las caras de los dioses o duendes, su diseño facial deriva principalmente de las historias folclóricas. El diseño facial de los personajes animales imita principalmente la forma o la acción del animal representado, pero también puede estar determinado por las características, por ejemplo, el diseño facial del Rey Mono.

El rostro de cruz [十字门脸] es una variación del rostro de tres facetas con una línea negra distintiva dibujada desde la punta de la nariz hasta la frente. Cruzándola hay una línea horizontal, también en negro, desde el ojo izquierdo hasta el derecho.

El rostro de *chou* [丑 角 脸] es un diseño facial de *jing* en miniatura. Se utiliza para representar toda una gama de características de los personajes de payasos al colocar un patrón de color sobre el puente de la nariz. Estos parches tienen varias formas, incluyendo la de un cuadrado, dátiles (la fruta) o cubo.

Rostro inclinado [歪脸] es lo mismo que el rostro fragmentado.

4. Vestimenta

El vestuario de la ópera de Beijing, al igual que su interpretación, también sigue normas rigurosas. Considerando la enormidad del repertorio, sería completamente imposible vestir a todos los personajes con trajes personalizados. De hecho, las variedades de trajes son mucho menores que los personajes retratados en diferentes tipos de dramas. Como resultado, los trajes se orientan hacia los roles o los personajes. Por ejemplo, los trajes en la ópera de Beijing no tienen en cuenta las especificidades históricas o cronológicas. Un personaje de la dinastía Han (206 a.C. a 220 d.C.) podría llevar el mismo tipo de traje que alguien de la dinastía Qing (1644-1911) siempre que ambos representen el mismo tipo de personaje. Los diseñadores también ignoran los cambios de las estaciones o ubicaciones. Sin embargo, existen divisiones estrictas entre los trajes que no pueden ser violadas. Por ejemplo, la túnica *mang* [蟒] de color dorado solo puede ser usada por monarcas o emperadores de cualquier dinastía, pero no puede ser compartida por personajes de cualquier otro rango. De cierta manera, hay una gran distancia entre la realidad y los trajes de escenario, que son de alta abstracción y exageración. Las mangas flotantes usadas por el rol dan o la barba llevada por el rol *lao sheng* están desconectadas de la realidad o son una forma exagerada de representación. Los trajes, especialmente los usados por los personajes dan, están diseñados para la presentación en escenario más que para la imitación de la realidad.

Existen varias categorías de vestuario en la ópera de Beijing denominadas "sistema de cajas", que se dividen en caja grande [大衣箱], caja pequeña [小衣箱], caja *ba zi* [把箱], caja de casco [盔箱] y peluquero [梳头桌] solo para el papel dan. La caja grande contiene principalmente trajes ceremoniales como la túnica *mang*, trajes de altos funcionarios, varias mangas de agua fluyendo y los trajes de corte. Todas las demás prendas, como los uniformes militares, van a la caja pequeña. La caja *ba zi* contiene todas las armas, incluyendo banderas y máscaras, mientras que la caja de casco lleva todo tipo de sombreros, militares o civiles. La caja del peluquero es la portadora de todas las pelucas para el papel dan, incluyendo piezas decorativas para ser adheridas a las pelucas. A continuación, se muestra una lista de los trajes más importantes en la ópera de Beijing.

4.4.1. Túnicas y vestidos

La túnica *mang* [蟒] es una larga túnica con cuello redondo y mangas anchas. Es un traje usado principalmente por emperadores, reyes o miembros de la familia real; las túnicas *mang* se usan para ocasiones formales como una reunión de corte. El amarillo dorado brillante es el color dominante para las túnicas *mang* porque es el color reservado exclusivamente para el emperador. Dado que los emperadores chinos son considerados descendientes del dragón, se bordaban dragones en las túnicas *mang* para simbolizar el estatus real.

La túnica oficial [官衣] es usada por altos funcionarios civiles. Al igual que la túnica *mang*, tiene un cuello redondo y mangas anchas con mangas flotantes de agua adheridas al final. El color de la túnica varía desde púrpura y rojo hasta azul y negro, siendo el púrpura el que representa el rango más alto, mientras que el azul es el más bajo.

La túnica de corte [宫衣] es para las mujeres de rango inferior de la familia real, como concubinas y princesas. Tiene un cuello redondo y cintura ajustada. Las grandes mangas también están adornadas con mangas flotantes de agua en una variedad de colores brillantes: rojo, negro, amarillo, rosa, verde y azul. En la etapa posterior de desarrollo, la túnica de corte se extiende a las jóvenes mujeres de familias adineradas e incluso a las hadas. Los personajes que visten túnicas de corte son en su mayoría mujeres jóvenes con personalidades alegres.

La túnica *pei* [帔] es una capa, originalmente usada solo por el emperador, pero más tarde extendida a los caballeros de familias prestigiosas. Es una prenda lo suficientemente larga como para cubrir los pies con un cuello largo y mangas grandes. Las túnicas *pei* son para las élites sociales de personajes masculinos y femeninos.

El *kai chang* [开 氅] es un abrigo usado principalmente por comandantes militares o guerreros. Para reflejar los caracteres de quienes lo usan, el abrigo está bordado con varios animales grandes como leones, elefantes y tigres. En las representaciones, los personajes abrirían el abrigo para mostrar el uniforme militar que llevan debajo, con el fin de demostrar valentía y así intensificar la atmósfera de una batalla.

El *xue zi* [褶子] es el traje más comúnmente usado, destinado a ser llevado por todos los personajes, independientemente de su estatus social, género, edad o papel. Pero en general, es una prenda para los miembros de familias acomodadas, ya sean jóvenes apuestos o alguien con un carácter frívolo. Los patrones de pájaros, animales, flores y mariposas están bordados en los trajes.

La *qing yi* es una túnica azulada y sencilla usada por los personajes del rol dan. Es, en consecuencia, sinónimo del papel *dan*. Los personajes femeninos que usan *qing yi* son aquellos que son

dignos, pero solitarios y pobres. Para representar estas cualidades, no hay patrones bordados en el traje.

La *fu gui yi* [富贵衣] (túnica de riqueza), también llamada túnica de pobreza, es un traje principalmente para hombres humildes que surgen de la pobreza para llegar a ser famosos y ricos. Hay parches de diferentes formas en la prenda para indicar el humilde origen de los personajes.

La *jian yi* [箭 衣] (túnica de arquero) es una derivación de la túnica *mang* originalmente usada por los guerreros de la nacionalidad manchú en la caza. Llevan esta prenda tanto para la ceremonia de la corte como para montar a caballo. En la ópera de Beijing, es un uniforme militar para todos los rangos.

La *ma gua* [马褂] (chaqueta de montar) tiene un uso similar al de la túnica de arquero, es un traje usado principalmente por soldados de varios rangos. La chaqueta podría tener diferentes colores como rojo, verde, amarillo, blanco y negro. Aunque se originó en el traje manchú de la dinastía Qing (1644-1911), podría usarse en la ópera de Beijing para representar personajes de cualquier otra dinastía.

El *qi pao* [旗 袍] (túnica de la bandera tribal manchú) es una prenda femenina tradicional para las mujeres manchúes. Dado que la ópera de Beijing comienza en la dinastía Qing, los primeros trajes en el escenario son todos modelos de las prendas de los manchúes, tanto hombres como mujeres. *Qi pao* es usado por el rol dan para representar personajes femeninos independientemente de su trasfondo histórico.

El *kao* [靠] (armadura) es usado por los soldados en las escenas de combate. Al igual que la antigua armadura, la armadura Kao en la ópera de Beijing es mucho más pesada que otros trajes. Pero, a diferencia de la verdadera armadura que está hecha ya sea de pieles de animales o de metal, la armadura *kao* está hecha de seda con patrones coloridos bordados con hilos de oro y plata. Es muy llamativa en el escenario, ejemplificando el espíritu heroico de los guerreros.

Las *shui xiu* [水 袖] (mangas fluyentes) son un accesorio para los trajes principales como la túnica *mang, pei* o *xue zi*. La longitud de las mangas depende de la altura de los intérpretes, así como del requerimiento de la trama. En general, la longitud para el personaje masculino es de aproximadamente un pie de largo, mientras que para las mujeres es de dos o tres pies de largo. Es utilizado por los personajes para demostrar una variedad de cambios psicológicos y emociones.

Los adornos para la cabeza, *kui tou* [盔 头], se utilizan en los dramas tradicionales en los que personajes de diferentes géneros, edades o estatus sociales usan diferentes adornos para la cabeza. Se divide aproximadamente en tres categorías: casco, corona y sombrero. Los dos primeros están hechos de materiales duros, mientras que el último de materiales duros o más suaves.

El *guan* [冠] (corona), con un interior duro, tiene diversas formas y diseños. La que lleva el emperador se llama corona cielo-plano [平天冠] o corona nueve-dragones [九龙冠]; las que llevan las emperatrices y concubinas se llaman corona fénix [凤 冠]. Los príncipes y jóvenes dignatarios usan la corona oro-púrpura [紫金冠].

El *kui* [盔] (casco) es principalmente usado por personal militar con diferentes diseños para significar los rangos militares. También puede ser usado por bandidos que establecen un campamento militar o fortaleza.

El *mao* [帽] (sombreros) viene con una variedad de tipos para señalar el estatus social de los personajes. Hay sombrero real

usado por los emperadores, sombrero de gasa [乌 纱 帽] por los funcionarios civiles, sombreros de nacionalidades minoritarias para indicar sus orígenes étnicos y sombrero grillo [蛾 蝌 帽] usado por personajes marciales *chou*.

El *jin* [巾] (sombreros) es también un sombrero usado por todos los personajes para ocasiones no ceremoniales. Puede tener diferentes nombres, algunos de los cuales derivan de los personajes específicos que los usan. Por ejemplo, el Jin usado por Zhuge Liang se llama *zhuge jin*, o el que usa Xu Xian, el personaje masculino en La leyenda de la serpiente blanca, se llama *xuxian jin*.

El *lin zi* [翎 子] es un accesorio adicional asociado con el *kui tou*. Este se origina de las plumas de la cola de un antiguo pájaro caracterizado por su ferocidad. Sin embargo, en la ópera de Beijing, se reemplaza por una cola de faisán de entre tres y cuatro pies de largo. Este accesorio se utiliza principalmente para jóvenes guerreros, tanto hombres como mujeres, como una representación simbólica de su valentía.

En cuanto al calzado, colectivamente llamado *xue* [靴], viene en una variedad de formas, colores y funcionalidades. En su mayoría, estos zapatos tienen suelas gruesas diseñadas específicamente para los intérpretes de la ópera de Beijing. Se diseñan para armonizar con las prendas de los personajes.

El *qie mo* [砌末] es un término que engloba todos los accesorios de escenario en la ópera de Beijing. Al igual que los trajes en este arte, el *qie mo* es altamente simbólico y a menudo se presenta de manera exagerada. Por ejemplo, una bandera de carroza se utiliza para representar a un general que lidera un gran ejército; un látigo podría simbolizar un caballo o el acto de montar. Además, algunos accesorios de escenario específicos podrían tener múltiples usos.

Capítulo 5.

Traducción de *Silang visita a su madre*

Sinopsis de la ópera

La historia transcurre durante la Dinastía Song del Norte (960-1127 d.C.). La familia Yang, famosa por su valentía militar, sufrió grandes pérdidas tras la Batalla de la Playa de las Arenas Doradas. En este conflicto, Yang Yanhui, el cuarto hijo de la familia —conocido como Silang [四郎] por su posición entre sus hermanos—, fue capturado por el ejército enemigo, los Liao, y forzado a casarse con la princesa Liao. Quince años más tarde, mientras Xiao Tianzuo, el general comandante de los Liao, lleva a cabo una gran operación militar cerca de la frontera, la madre de Yang Yanhui, la Viuda She, avanza hacia el norte proporcionando granos y forraje para las tropas Song.

Silang, añorando a su madre, planea secretamente cruzar la frontera para reunirse con su familia. Aunque intenta ocultar sus sentimientos, estos son percibidos por su esposa, la princesa Tiejing, quien termina por descubrir el plan. Tras esto, Silang la convence de engañar a la emperatriz viuda Xiao para obtener la flecha del mando, con la que podría cruzar el paso fronterizo. Logra infiltrarse subrepticiamente en el campamento Song y reunirse con su familia, pero debe regresar esa misma noche a Liao para proteger a su esposa e hijo. Desafortunadamente, durante su ausencia, se descubre su escapada y la emperatriz viuda Xiao ordena su decapitación. Sin embargo, tras las súplicas de la princesa Tiejing, Silang es finalmente perdonado.

Yang Yanhui, el protagonista, era efectivamente el cuarto hijo de Yang Jiye, un personaje histórico. Según la genealogía oficial de los Yang, todos los ocho hijos de Yang Jiye perecieron en guerra o por enfermedades, sin dejar descendencia excepto el sexto, Yang Yanlang; el cuarto hijo nunca se menciona como príncipe

consorte de Liao. En contraste, los registros históricos de Liao mencionan a un príncipe consorte llamado Liu Sangu, originario de Hejian y talentoso en poesía. Comprometido con la novena hija del emperador Shengzong, la princesa Tongchang, por influencia de la emperatriz viuda Xiao, Liu Sangu también cruzó secretamente la frontera para reunirse con su concubina e hijo en su ciudad natal. Temiendo represalias de Liao, el emperador Song lo deportó de vuelta. Sin embargo, su historia termina en tragedia cuando la princesa Tongchang ordena asesinar a la concubina e hijo de Liu Sangu a su llegada y él es condenado a muerte al regresar a Liao. La leyenda de *Silang visita a su madre* se inspira en estos dramáticos eventos históricos.

第一场：坐宫 **Acto primero: En el palacio**

杨延辉上 Yanhui Yang sale.	

杨延辉 Yanhui Yang	

引子 recitar	金井锁梧桐 Un árbol parasol se alza, encerrado en un pozo dorado.
	长叹空随，一阵风 Un largo suspiro, en vano, sigue a una ráfaga de viento.
	沙滩赴会十五年 He estado cautivo entre los bárbaros Liao durante quince años.
	雁过衡阳各一天 Los gansos salvajes surcan el cielo sobre Hengyang, día tras día.
	高堂老母难得见 No puedo ver a mi madre, que envejece.

		怎不叫人泪涟涟 ¿Cómo no iban a llenarse mis ojos de lágrimas?
白 hablar	本宫，四郎延辉，乃山后磁州人氏 Soy Yanhui Yang, el cuarto hijo de la familia Yang de la comarca de Cizhou,más allá de las montañas.	
		我父金刀令公， Mi padre es el caballero de la Cuchilla Dorada.
		老母佘氏太君，所生我弟兄七男 Mi madre, la heroína She, dio a luz a siete hijos.
		只因十五年前沙滩会一场血战 En una sangrienta batalla en la playa de Arena Dorada, hace quince años,
		只杀得我杨家四走逃亡 nuestro clan Yang fue derrotado y nos convertimos en fugitivos.
		本宫被擒多蒙太后不斩 Fui capturado, pero gracias a la emperatriz Xiao, no solo evité la decapitación,
		反将公主匹配 sino que, además, fui casado con la princesa.
		今早小番报道 Esta mañana, un guardia informó que,
		萧天佐，在九龙飞虎峪，摆下天门大阵 debido a que el general Tianzuo Xiao desplegó sus ejércitos en la formación Puerta del Cielo en el Cañón Jiulong Feihu,
		宋王御驾亲征 el emperador de la dinastía Song se presentó en persona.
		我母押粮来至在雁门关口 Mi madre vino al Paso Yanmen con víveres.
		我有心过营见母一面 Me encantaría ir al campamento para reunirme con mi madre,

续表

	怎奈关井阻隔插翅难飞 pero los puestos de vigilancia me impiden cruzar la frontera.
	思想起来，好不伤感人也 Pensar en esto me llena de tristeza.
唱 cantar	杨延辉坐宫院自思自叹 Me siento en el patio, sumido en pensamientos y suspiros.
	想起了当年事好不惨然 Recordando aquellos años pasados, ¡cuánta tristeza me embarga!
	我好比笼中鸟有翅难展 Como un pájaro enjaulado, incapaz de extender mis alas.
	我好比虎离山受了孤单 Como un dragón en aguas someras, largo tiempo he estado atrapado.
	我好比南来雁失群飞散 Como un ganso salvaje volando hacia el sur, quedé rezagado.
	我好比浅水龙困在沙滩 Como un dragón en aguas poco profundas, he estado atrapado en una playa durante tanto tiempo
	想当年沙滩会 Recuerdo la reunión en la playa de Arena Dorada:
	一场血战 una batalla sangrienta,
	只杀得血成河尸骨堆山 donde la sangre fluía como ríos y los cuerpos se amontonaban.
	只杀得杨家将东逃西散 La familia Yang se dispersó,
	只杀得众儿郎滚下马鞍 los guerreros caían de sus monturas mientras eran masacrados.

续表

我被擒改名姓身脱此难 Fui capturado y oculté mi identidad para sobrevivir.	
将杨字改木易匹配良缘 Ahora, casado, cambio mi apellido de Yang a YI An.	
萧天佐摆天门在两下里会战 Tianzuo Xiao despliega ahora su formación Puerta Celestial, preparado para la batalla.	
我的娘押粮草来到北番 Responsable de los víveres, mi madre se acercó desde el norte.	
我有心出关去见母一面 Cómo anhelo cruzar las líneas enemigas para ver a mi madre.	
怎奈我身在番远隔天边 Pero, ¿cómo podría, estando en el campamento enemigo, tan lejos?	
思老母不由人把肝肠痛断 Extrañando a mi madre, el dolor me aflige el corazón.	
想老娘泪珠儿泪洒在胸前 Pensando en ella, las lágrimas descienden hasta mi pecho.	
眼睁睁母子们难得见，儿的老娘啊 Aunque mis ojos están abiertos, no puedo verla, ¡mi querida madre!	
要相逢除非是梦里团圆 Solo en nuestros sueños es posible el reencuentro.	

铁镜公主 Princesa Tiejing		
白 hablar	丫头 ¡Criada!	
丫鬟 Criada		
白 hablar	有 ¡Sí!	

续表

铁镜公主 Princesa Tiejing		
白 hablar	带路啊	¡Dirige el camino!

丫鬟 Criada		
白 hablar	啊	A sus órdenes.

丫鬟引铁镜公主同上
La criada entra delante de la princesa.

铁镜公主 Princesa Tiejing		
唱 cantar	芍药开牡丹放花红一片	Las peonías florecen, mar de rojo desplegando,
	艳阳天春光好百鸟声喧	cientos de pájaros cantan, en el día resplandeciendo.
	我本当与驸马同去游玩	Anhelo la dulce compañía del príncipe consorte,
	怎奈他终日里愁锁眉尖	mas, ¿qué hacer si su rostro de tristeza es su único porte?
白 hablar	驸马，咱家来啦	¡Príncipe consorte, ya estoy aquí!

杨延辉 Yanhui Yang		
白 hablar	公主来了？请坐	¿La princesa? Por favor, toma asiento.

铁镜公主 Princesa Tiejing		
白 hablar	驸马请坐	Te ruego, siéntate tú también.

续表

		我说驸马，自你来到我国，一十五载 Quince años han pasado desde que a nuestro reino viniste,
		朝欢暮乐，未尝忧思 días de júbilo compartimos, nunca un pesar tuvimos.
		我瞧你这两天，总是这么愁眉不展的 No obstante, en estos dos días, preocupación en ti vislumbré,
		莫非你有什么心事不成吗 ¿acaso algo te aflige, algo que desconozco aún?
杨延辉 Yanhui Yang		
	白 hablar	本宫无有什么心事 Nada me perturba en especial,
		公主不要多疑 oh princesa, te imploro, no te angusties por mí.
铁镜公主 Princesa Tiejing		
	白 hablar	你说你没有什么心事 Dices que nada te inquieta...
		你瞧你的眼泪还没有擦干净呢 Pero mírate, las lágrimas recorren tu rostro.
杨延辉 Yanhui Yang		
	白 hablar	哦 Uy
铁镜公主 Princesa Tiejing		
	白 hablar	现擦可也就来不及啦 ¡Ya es demasiado tarde para secarlas!
杨延辉 Yanhui Yang		

续表

白 hablar	公主，本宫心事却有呃 Princesa, efectivamente tengo algo en mente,
	慢说公主，就是大罗神仙，也难以猜透 pero ni tú, ni siquiera un dios, podrían prever la causa de mi preocupación.
铁镜公主 Princesa Tiejing	
白 hablar	慢说你的心事 Adivinar lo que pienso es sencillo,
	就是我母后的国家大事 incluso las preocupaciones de mi madre con los asuntos del Estado
	咱家不猜便罢 no requieren de mis conjeturas.
白 hablar	若猜呢? Si intentas descifrarlo...
铁镜公主 Princesa Tiejing	
白 hablar	猜他个八九 La abrumadora mayoría de las veces, acierto.
杨延辉 Yanhui Yang	
白 hablar	好，今日闲暇无事 Bien. Hoy, al no tener otra ocupación,
	就请公主猜上一猜 ¿por qué no pruebas suerte en adivinarlo?
铁镜公主 Princesa Tiejing	
白 hablar	好，那么待咱家猜上一猜 ¡De acuerdo! Permíteme intentarlo.
	丫头，打坐向前 ¡Criada! Tráeme la silla.

唱 cantar	夫妻们打坐在皇宫院 La pareja se acomoda en el patio.	
	猜一猜驸马爷袖内机关 Intentaré descubrir lo que el príncipe consorte piensa.	
	莫不是我母后将你怠慢？ ¿Acaso mi madre no te trata bien?	
杨延辉 Yanhui Yang		
白 hablar	公主这头一猜 Ah, princesa. Tu primer intento...	
铁镜公主 Princesa Tiejing		
白 hablar	猜着了 He acertado, ¿verdad?	
铁镜公主 Princesa Tiejing		
白 hablar	猜错了 ...resulta ser incorrecto.	
铁镜公主 Princesa Tiejing		
白 hablar	怎么会错呐 ¿Cómo pude errar?	
杨延辉 Yanhui Yang		
白 hablar	想太后，乃一国之主 La emperatriz lidera la nación.	
	慢说无有怠慢 Su trato hacia mí es irrelevante.	
	纵然怠慢，焉敢怎样啊 Aunque fuera desfavorable; ¿cómo osaría yo quejarme?	
铁镜公主 Princesa Tiejing		

续表

白 hablar		对啊 Tienes razón.
		想我母后，乃是一国之主 La actitud de mi madre hacia ti es irrelevante.
		就是有些个迟慢，还敢把她老人家怎么样呢 Aun si fuera adversa, ¿cómo te atreverías a expresar insatisfacción?
		这么一说，不是啦 Entonces, ¿esa no es la razón?
杨延辉 Yanhui Yang		
	白 hablar	
铁镜公主 Princesa Tiejing		
	白 hablar	哦，是了 Hmm... ¡Ya sé!
		莫不是夫妻们冷落少欢 ¿Será que como pareja estamos distantes y raramente disfrutamos juntos?
杨延辉 Yanhui Yang		
	白 hablar	公主，这一猜 Princesa, tu conjetura...
铁镜公主 Princesa Tiejing		
	白 hablar	猜着了没有 ¿Esta vez he acertado?
杨延辉 Yanhui Yang		
	白 hablar	又猜错了 ...de nuevo es errónea.

续表

白 hablar	怎么又猜错了呢 ¿Cómo pude equivocarme otra vez?	
杨延辉 Yanhui Yang		
白 hablar	想你我夫妻一十五载，相亲相爱，说什么冷落少欢，不是的 Llevamos quince años casados y hemos sido una pareja feliz. Tu suposición está lejos de la realidad.	
铁镜公主 Princesa Tiejing		
白 hablar	这么一说又不是了 Así que esa tampoco es la razón.	
杨延辉 Yanhui Yang		
白 hablar	不是的 No, no lo es.	
铁镜公主 Princesa Tiejing		
白 hablar	哦，是了 ¡Ah, ya sé!	
唱 cantar	莫不是思游玩那秦楼楚馆？ ¿Quieres visitar los burdeles?	
杨延辉 Yanhui Yang		
白 hablar	想那秦楼楚馆，虽然美景非常， El palacio imperial alberga muchas mujeres hermosas.	
	难道还胜得过皇宫内院不成么 ¿Cómo podrían los burdeles superar esto?	
铁镜公主 Princesa Tiejing		
白 hablar	可也是啊！ Es cierto.	

续表

		想这皇宫内院，美景非常，那秦楼楚馆还能比得过皇宫内院吗 El palacio cuenta con numerosas mujeres hermosas. Los burdeles no tienen comparación con este lugar.
杨延辉 Yanhui Yang		
	白 hablar	着啊 ¡Exactamente!
铁镜公主 Princesa Tiejing		
	白 hablar	又错了 ¡He errado una vez más!
	唱 cantar	莫不是抱琵琶你就另想别弹？ ¿Es que te has enamorado de otra persona?
杨延辉 Yanhui Yang		
	白 hablar	公主，本宫被擒多蒙太后不斩 Mi querida princesa, estoy profundamente agradecido con la emperatriz Xiao por haberme salvado de la decapitación
		反修公主匹配 y haber propiciado nuestro matrimonio.
		况且又生下了小阿哥 Además, ya tenemos un hijo,
		说什么怀抱琵琶另想别弹 ¿cómo podría siquiera pensar en amar a otra persona?
		你出此言，岂不愧煞，唉！本宫！ Me siento avergonzada al escuchar tus palabras. ¡Ah!
铁镜公主 Princesa Tiejing		
	白 hablar	我刚说了一句不要紧的话，你就哭了 ¡Solo era una broma y ahora te he hecho llorar!

续表

		这不对，我再猜呀 Dado que me equivoqué, lo intentaré nuevamente.
杨延辉 Yanhui Yang		
	白 hablar	猜不着不用猜了 Nunca lo adivinarás, así que no es necesario que continúes.
铁镜公主 Princesa Tiejing		
	白 hablar	这倒难猜了 Tienes razón, es difícil adivinar...
	唱 cantar	这不是那不是是何意见 Si no es esto y tampoco aquello, entonces ¿qué será?
	白 hablar	驸马，你过来 Príncipe consorte, por favor, ven aquí.
		咱家这一猜，就猜着啦 Esta vez, estoy segura de tener la respuesta correcta.
杨延辉 Yanhui Yang		
	白 hablar	请猜 Adelante, ¡por favor!
铁镜公主 Princesa Tiejing		
	白 hablar	听了 ¡Escucha!
	唱 cantar	莫不是你思骨肉意马心猿 ¿Es que extrañas a tu familia?
杨延辉 Yanhui Yang		
	白 hablar	哦 ¡Ah!

续表

唱 cantar	贤公主虽女流智谋广远 La virtuosa princesa, a pesar de ser mujer, posee una mente aguda y una gran perspicacia.	
	猜透了杨延辉袖内机关 Has descubierto precisamente lo que tengo en mi mente.	
	我本当向前去求她方便 Debería proceder y solicitar tu ayuda.	
铁镜公主 Princesa Tiejing		
白 hablar	对不对呀 ¿He acertado?	
杨延辉 Yanhui Yang		
唱 cantar	还须要紧闭口慢露真言 Debo ser cauto con mis palabras y revelar la verdad gradualmente.	
铁镜公主 Princesa Tiejing		
白 hablar	我说驸马，咱家猜了半天，到底儿是猜着了没有 Mi querido príncipe consorte, ¿he acertado finalmente?	
杨延辉 Yanhui Yang		
白 hablar	心事却被公主猜中 Has dado en el blanco.	
	不能与本宫做主也是枉然呐 Sin embargo, todo habrá sido en vano si no me apoyas en esto.	
铁镜公主 Princesa Tiejing		
白 hablar	你要是说出来，大小能替你拿个主意 ¡Háblame sobre ello, y haré lo posible por ayudarte!	

续表

杨延辉 Yanhui Yang		
	白 hablar	公主啊 ¡Mi querida Princesa!
	唱 cantar	我在南来你在番 Soy del sur, mientras que tú eres de las tribus del norte.
		千里姻缘一线牵 Como un hilo que une a dos personas separadas por miles de millas, nuestro matrimonio estaba destinado.
		公主对天盟誓愿，本宫方肯吐真言 Solo puedo decirte la verdad si juras por el cielo mantenerlo en secreto entre nosotros.
铁镜公主 Princesa Tiejing		
	白 hablar	怎么着，说了半天，要咱家起誓啊 ¿Qué? ¿Despúes de todo esto, deseas que haga un juramento?
杨延辉 Yanhui Yang		
	白 hablar	正是 ¡Efectivamente!
铁镜公主 Princesa Tiejing		
	白 hablar	这倒巧了，番邦的女子就是不会起誓 ¡Qué coincidencia! Nosotras, las mujeres del norte, ¡no sabemos jurar!
杨延辉 Yanhui Yang		
	白 hablar	啊？番邦女子连誓都不会盟么 ¿En serio? ¿Las mujeres del norte no saben cómo jurar?
铁镜公主 Princesa Tiejing		

续表

白 hablar	可不是吗 ¡No, no sabemos!	

杨延辉 Yanhui Yang		
白 hablar	待本宫教导与你 Permíteme enseñarte entonces.	

铁镜公主 Princesa Tiejing		
白 hablar	这倒得学学 Estoy lista para aprender.	

杨延辉 Yanhui Yang		
白 hablar	跪在尘埃 Te arrodillas en el suelo.	
	口称"皇天在上 Dirigiéndote al emperador celestial.	
	番邦女子在下 Diciendo: "Aquí estoy yo, una mujer de las tribus del norte,	
	驸马爷对我说了真情实话 el príncipe consorte va a decirme la verdad.	
	我若是走漏他得消息半点 Si llegara a divulgar siquiera una pista de lo que él me diga,	
	到后来，天怎样长，地怎样短" ¡que el cielo me castigue como quiera!"	

铁镜公主 Princesa Tiejing		
白 hablar	就是这个呀？我会了 ¿Eso es todo? ¡Entendido!	
	跪在这 Me arrodillo en el suelo.	

续表

	口称皇天在上 Dirigiéndome al emperador celestial.	
	番邦女子在下 Diciendo: "Aquí estoy yo, una mujer de las tribus del norte,	
	驸马爷对我说了真情实话 el príncipe consorte va a decirme la verdad.	
	我若走漏消息半点 Si llegara a divulgar siquiera una pista de lo que él me diga,	
	到后来，天把我怎么长，地把我怎么短 ¡que el Cielo me castigue como quiera!"	
	哎，驸马，到底怎么长，怎么短呐 Pero, príncipe consorte, ¿cómo sería castigada?	
杨延辉 Yanhui Yang		
白 hablar	诶！要你终身，对天一表呃 ¡Ah! Deberías jurar incluso tu vida.	
铁镜公主 Princesa Tiejing		
白 hablar	你当我真的不会盟誓？ ¿Crees que realmente no sé cómo jurar?	
	抱着阿哥，待盟誓啊 ¡Coge al niño y permíteme hacer el juramento!	
唱 cantar	铁镜女跪尘埃祝告上天 Yo, princesa Tiejing, me arrodillo en el suelo y juro al cielo.	
	尊一声过往神细听咱言 Todos los dioses que puedan estar pasando, por favor escuchen mis palabras:	
	我若是走漏了他的消息半点 Si llegara a divulgar siquiera una pista de lo que él me diga,	

续表

杨延辉 Yanhui Yang		
白 hablar	怎么样啊 ¿Qué sucederá?	

铁镜公主 Princesa Tiejing		
白 hablar	唉 ¡Está bien!	
唱 cantar	到后来自悬梁尸不周全 ¡Me suicidaré ahorcándome de una viga!	

杨延辉 Yanhui Yang		
白 hablar	言重了 Esas palabras son demasiado serias.	
唱 cantar	贤公主盟罢了宏誓愿 Virtuosa princesa, has hecho un juramento solemne.	
	杨延辉才把心放宽 Ahora me siento más tranquilo.	
	二次里与公主重把礼见 Vuelvo a saludar a la princesa.	
	我方能回宋营拜母问安 Finalmente, puedo dirigirme al campamento Song y visitar a mi madre.	

铁镜公主 Princesa Tiejing		
白 hablar	我说驸马，誓咱家也盟了 Mi querido príncipe consorte, ya he jurado el juramento.	
	有什么话，您还不快说吗 Ahora es tu turno de decirme la verdad.	

杨延辉 Yanhui Yang		

续表

角色	行当	唱词 / 翻译
	白 hablar	公主，你道本宫当真姓木名易么 Mi querida princesa, ¿crees que mi verdadero nombre es Yi An?
铁镜公主 Princesa Tiejing		
	白 hablar	哟！这满朝文武谁不知道，您是木易驸马呀！ ¿Qué? Todos los oficiales civiles y militares en la corte te conocen como el príncipe consorte Yi An.
杨延辉 Yanhui Yang		
	白 hablar	非也 ¡Pero ese no es mi nombre!
铁镜公主 Princesa Tiejing		
	白 hablar	非也？啊 ¡No es tu nombre!
		怎么着，来到我国，一十五载 ¿Cómo es eso? Has estado en nuestro país por quince años.
		连真名实姓都没有 ¿Cómo podría ser que no conozcamos tu verdadero nombre?
		今儿个，你说了真名实姓便罢 ¡Debes decirme quién eres hoy!
		如若不然，奏知母后，哈哈，我要你的脑袋！喂呀 Si no, ¡le diré a mi madre y te haré decapitar! ¡Ay pobre de mí!
杨延辉 Yanhui Yang		
	唱 cantar	未开言不由人泪流满面！ Lágrimas caen por mi rostro antes de que pueda decir algo.
婴孩啼哭 Llora el bebé.		

续表

杨延辉 Yanhui Yang		
	白 hablar	啊，本宫与你讲话，怎么在阿哥身上打搅哇 Ah, te estoy hablando contigo, ¿por qué molestas al niño?
铁镜公主 Princesa Tiejing		
	白 hablar	你说你的，还拦得住我儿子他撒尿吗 Continúa hablando, pero mi hijo tiene que orinar; no puedes impedírselo.
杨延辉 Yanhui Yang		
	白 hablar	唉！公主啊！ ¡Ay! ¡Mi Princesa!
	唱 cantar	贤公主细听我表一表家园 Mi virtuosa princesa, por favor escucha mientras te cuento mi historia familiar:
		我的父老令公官高爵显 Mi padre, el caballero de la Cuchilla Dorada, era un alto funcionario y una figura influyente.
		我的母佘太君所生我弟兄七男 Mi madre, la heroína She, tuvo siete hijos.
		都只为宋王爷在五台山还愿 Cuando el emperador Song fue a la montaña Wutai en peregrinación,
		潘仁美诓圣驾来北番 Renmei Pan engañó al emperador para que viniera a las tribus del norte.
		你的父设下了双龙会宴 Allí, tu padre organizó un banquete "Dos dragones".
		我弟兄八员将就赴会在沙滩 Mis siete hermanos y yo vinimos a la playa de Arena Dorada para la reunión.

	我大哥替宋王席前遭难 Mi hermano mayor fue asesinado mientras protegía al emperador Song en el banquete.
	我二哥短剑下命丧黄泉 Mi segundo hermano fue apuñalado con un puñal.
	我三哥被马踏尸骨不见 Mi tercer hermano fue pisoteado por caballos de tal manera que sus restos no se pueden encontrar.
	有本宫和八弟失落北番 Mi octavo hermano y yo nos perdimos en el norte.
	我本是杨······ De hecho, yo soy Yang...

铁镜公主
Princesa Tiejing

白 hablar	我说，你倒是杨什么呀 ¿Yang quién?

杨延辉
Yanhui Yang

白 hablar	哎! ¡Ay!
唱 cantar	啊! 贤公主，我的妻呀 ¡Ah! Virtuosa princesa, mi querida esposa,
	我本是杨四郎把名姓改换 soy Yanhui Yang y tomé un alias,
	将杨字拆木易匹配良缘 dividiendo el apellido "Yang" en Yi An, me casé contigo bajo este nombre.

铁镜公主
Princesa Tiejing

白 hablar	呀 ¡Uy!
	听他言吓得我浑身是汗 Escuchar sus palabras me llena de temor, me hace sudar fría.

续表

		十五载到今日才吐真言 Han pasado quince años para que me revele la verdad,
		原来是杨家将把名姓改换 que pertenece a la familia Yang y adoptó un alias.
		他思家乡想骨肉就不得团圆 Extrañaba a su familia con la que no pudo reunirse.
		我这里走向前再把礼见 Déjame saludarlo de nuevo.
	白 hablar	驸马 ¡Príncipe consorte!
	唱 cantar	尊一声驸马爷细听咱言 te ruego escuches mis palabras:
		早晚间休怪我言语怠慢 No te mostré suficiente respeto en el pasado.
		不知者不怪罪你的海量放宽 Desconocía tu identidad, te imploro que me perdones.
杨延辉 Yanhui Yang		
	白 hablar	公主啊 ¡Princesa!
	唱 cantar	我和你好夫妻恩德不浅 Somos una pareja feliz y tu benevolencia y virtud son considerables.
		贤公主又何必礼太谦 Virtuosa princesa, no necesitas ser tan cortés.
		杨延辉有一日愁眉得展 Si mi dilema encontrara solución,
		忘不了贤公主恩重如山 tu bondad jamás será olvidada.
铁镜公主 Princesa Tiejing		
	唱 cantar	说什么夫妻情恩德不浅 No hay que recordar que somos una pareja feliz.

续表

		咱与你隔南北千里姻缘 Es el destino el que nos unió, a pesar de las distancias.
		因何故终日里愁眉不展 ¿Por qué permites que la tristeza te consuma?
		有什么心腹事你只管明言 Confía en mí y comparte tus pensamientos.
杨延辉 Yanhui Yang		
	唱 cantar	非是我这几日愁眉难展 Mi tristeza no es la única sombra sobre mis días;
		有一桩心腹事不敢明言 hay algo que no he tenido el valor de contarte:
		萧天佐摆天门两国交战 Tianzuo Xiao ha preparado su estrategia y la guerra entre nuestros reinos es inevitable.
		我的娘押粮草来到北番 Mi madre se ha desplazado al norte con provisiones.
		贤公主若容我母子相见 Deseo ir al campamento Song para reunirme con ella,
		到来生变犬马结草衔还 pero el centinela en la frontera me lo impedirá.
铁镜公主 Princesa Tiejing		
	唱 cantar	你那里休得要巧言改辩 Habla sin rodeos,
		你要拜高堂母就我不阻拦 no te detendré en tu visita.
杨延辉 Yanhui Yang		
	唱 cantar	公主虽然不阻拦 Aunque no me retengas,
		无有令箭也枉然 ¿cómo cruzaré sin la flecha de mando?

续表

铁镜公主 Princesa Tiejing		
唱 cantar	我有心赐你金鈚箭 Pienso entregarte la flecha,	
	怕你一去就不回还 pero temo que no vuelvas.	

杨延辉 Yanhui Yang		
唱 cantar	公主赐我的金鈚箭 Si me lo permites, Princesa,	
	见母一面即刻还 antes del alba estaré de vuelta.	

铁镜公主 Princesa Tiejing		
唱 cantar	宋营离此路途远 El campamento Song está lejos,	
	一夜之间你怎能够还 ¿cómo volverás en una sola noche?	

杨延辉 Yanhui Yang		
唱 cantar	宋营离此路途远 Aunque distante, con el corcel más veloz,	
	快马加鞭一夜还 una noche bastará para regresar.	

铁镜公主 Princesa Tiejing		
唱 cantar	适才叫咱盟誓愿 Me has pedido un juramento;	
	你对苍天就表一番 ahora es tu turno de jurar al cielo.	

杨延辉 Yanhui Yang		

	白 hablar	哦 ¡Por supuesto!
	唱 cantar	公主要我盟誓愿 Frente a la princesa, hago mi juramento,
		将身跪在地平川 arrodillado en la tierra:
		我若探母不回转 si no regreso tras visitar a mi madre,
铁镜公主 Princesa Tiejing		
	白 hablar	怎么样啊 entonces, ¿qué?
杨延辉 Yanhui Yang		
	白 hablar	罢 De acuerdo.
	唱 cantar	黄沙盖脸尸骨不全 que la arena oculte mi rostro y mi cuerpo sea desmembrado.
铁镜公主 Princesa Tiejing		
	白 hablar	言重了 Tampoco es para tanto.
	唱 cantar	一见驸马盟誓愿 Al ver al príncipe consorte hacer este juramento,
		咱家才把心放宽 mi corazón se tranquiliza.
		你在后宫乔改扮 Ve ahora, cambia tus ropas;
		盗来令箭你好出关 yo me encargaré de la flecha de mando para que puedas cruzar.

续表

铁镜公主 Princesa Tiejing		
杨延辉 Yanhui Yang		
	唱 cantar	一见公主盗令箭 Al ver a la Princesa conseguir la flecha de mando,
		不由本宫喜心间 mi corazón se llena de júbilo.
		站立宫门来叫小番 Ante el palacio convoco a mi servidor:
		备爷的千里战，扣连环，爷好过关 Prepara mi caballo y armadura, cruzaré la frontera
杨延辉下 Yanhui Yang sale de escena, lleno de determinación.		

第二场：盗令
Acto segundo: Robando la flecha de mando

萧太后 Emperatriz Xiao		
	唱 cantar	两国不和常交战 Dos países en desacuerdo luchan con frecuencia.
萧太后、四兵丁、四宫女同上 Entran la emperatriz Xiao, cuatro soldados y cuatro doncellas.		
萧太后 Emperatriz Xiao		
	唱 cantar	各为其主夺江山 Cada uno lucha por la soberanía sobre la tierra.
		老王爷摆下了双龙会宴 Nuestro emperador organizó el banquete "Dos dragones",
		杨家的众儿郎齐赴沙滩 y toda la familia Yang vino a playa de Arena Dorada.

续表

		叫番儿摆驾银安殿 Pide a los soldados que guíen el camino hacia el Palacio Yin-an,
		打开兵书仔细观 abro el libro de estrategias y lo lleeré con atención.
铁镜公主 Princesa Tiejing		
	唱 cantar	怀抱姣儿上金殿 Llevo a mi hijo en brazos y llego al Palacio Yin-an,
		参娘驾来问娘安 saludo a mi madre y le deseo todo lo mejor.
萧太后 Emperatriz Xiao		
	唱 cantar	我儿不在后宫院 Querida, deberías estar en tus aposentos,
		来在金殿为哪般 ¿para qué vienes al Palacio Yin-an?
铁镜公主 Princesa Tiejing		
	白 hablar	母后 Reina madre,
	唱 cantar	多日未见母后面 hace unos días que no te veo,
		特地前来问娘安 así que he venido especialmente para desearte buena salud.
萧太后 Emperatriz Xiao		
	唱 cantar	我儿说话礼太谦 No seas tan formal, querida,
		母女何需常问安 no necesitas venir a saludarme tan a menudo.

续表

白 hablar	回去吧 Puedes irte ahora.	
铁镜公主 Princesa Tiejing		
唱 cantar	辞别母后下银安 Me despido de mi madre y salgo del Palacio Yin-an,	
白 hablar	举目回头四下观 miro a mi alrededor.	
	桌案现有金鈚箭 La flecha de mando está sobre la mesa,	
	不能够到手也枉然 mis esfuerzos habrían sido en vano si no puedo conseguirla.	
	低下头来心暗转 Bajo la cabeza y pienso qué hacer.	
白 hablar	有啦 ¡Lo tengo!	
唱 cantar	有一巧计在心间 He pensado en un truco ingenioso,	
	忙把姣儿掐一把 pellizcaré al bebé···	
萧太后 Emperatriz Xiao		
白 hablar	回来回来 ¡Vuelve, vuelve!	
铁镜公主 Princesa Tiejing		
白 hablar	来啦 ¡Aquí estoy!	
萧太后 Emperatriz Xiao		

铁镜公主

续表

唱 cantar	孙儿啼哭为哪般 ¿Por qué llora mi dulce nieto?	

铁镜公主
Princesa Tiejing

白 hablar	母后 Reina madre,	
唱 cantar	小奴才生来皮肉贱 Es un chico muy travieso,	
	他要母后令箭玩 pide jugar con tu flecha de mando.	
	论律就该将他斩 Según la ley, debería ser ejecutado por pedir esto.	
白 hablar	来呀，杀了吧！ ¡Mátalo!	

萧太后
Emperatriz Xiao

白 hablar	慢着慢着 ¡Detente! ¡Detente!	
唱 cantar	我的儿说话理不端 Querida, tus palabras son irracionales,	
	别人要令本当斩 cualquiera que deseara la flecha de mando sería ejecutado,	
	我孙儿要令拿去玩 pero este es mi nieto quien la quiere.	
	金批令箭交与你 Hoy te daré la flecha de mando,	
	五鼓天明即刻还 pero debes devolvérmela antes de mañana por la mañana.	

铁镜公主
Princesa Tiejing

续表

唱 cantar	谢罢母后金鈚箭	Gracias, su majestad, por darme la flecha de mando.
	母后中了我的巧机关	Mi madre cayó en mi trampa.

铁镜公主下
La princesa Tiejing sale.

萧太后
Emperatriz Xiao

唱 cantar	番儿与我把班散	Los soldados y yo hemos terminado nuestro trabajo aquí.
白 hablar	退班哪	¡Retírense!
唱 cantar	福寿宫中乐安然	Aquí en el Palacio Fushou me siento feliz y relajada.

萧太后下
La emperatriz Xiao sale.

第三场：别宫
Acto tercero: Partida del palacio

杨延辉上
Yanhui Yang entra.

杨延辉
Yanhui Yang

唱 cantar	在头上摘去胡狄冠	Me quito el gorro extranjero
	身上脱去了紫罗衫	y cambio mi ropa foránea.
	沿毡帽，齐眉掩	Ajusto el gorro de fieltro hasta las cejas
	三尺青锋挂腰间	y sujeto la espada al cinto.

续表

		将身来在宫门站 Frente al palacio, me detengo,
		等等等，等候了公主盗令还。好奔阳关 esperando a que la princesa regrese con la flecha del mando para así apresurarme en el paso.
铁镜公主上 Entra la princesa Tiejing.		
铁镜公主 Princesa Tiejing		
	唱 cantar	银安盗来金鈚箭 He obtenido la flecha del mando del Palacio Yin-an,
		成就驸马孝义全 ayudo a mi esposo a reunirse con su madre.
杨延辉 Yanhui Yang		
	白 hablar	公主回来了 Princesa, has regresado.
铁镜公主 Princesa Tiejing		
	白 hablar	回来啦 He regresado.
杨延辉 Yanhui Yang		
	白 hablar	辛苦你了 Has hecho tanto por mí.
铁镜公主 Princesa Tiejing		
	白 hablar	没什么 No es nada.
杨延辉 Yanhui Yang		

续表

白 hablar	有劳你了 Te causé muchos problemas.	
杨延辉 Yanhui Yang		
白 hablar	哪儿的话呀 En absoluto.	
杨延辉 Yanhui Yang		
白 hablar	拿来 Dámela.	
铁镜公主 Princesa Tiejing		
白 hablar	拿什么呀? ¿Darte qué?	
杨延辉 Yanhui Yang		
白 hablar	箭哪 La flecha del mando.	
铁镜公主 Princesa Tiejing		
白 hablar	哟！我净顾着说话了，把您这档子事情我就给忘啦 ¡Oh! ¡Estaba tan ocupada hablando que se me olvidó por completo!	
杨延辉 Yanhui Yang		
白 hablar	你耽误本宫的大事了 ¡Arruinaste mi plan!	
铁镜公主 Princesa Tiejing		
白 hablar	驸马，您别着急，你看这是什么 Querido, no te preocupes. Mira, ¿qué es esto?	

续表

杨延辉 Yanhui Yang		
白 hablar	公主请上受我一拜 Princesa, por favor acepta mi reverencia.	
	杨延辉施礼，接令箭 Yanhui Yang saluda y toma la flecha	

铁镜公主 Princesa Tiejing		
白 hablar	一夜之间，拜的什么哪 No necesitas saludarme solo por una noche de permiso.	

杨延辉 Yanhui Yang		
白 hablar	公主 ¡Princesa!	
唱 cantar	虽然分别一夜晚 Aunque solo me vaya por una noche,	
	为人必须礼当先 ¡la cortesía nunca debe olvidarse!	
	辞别公主跨走战 Me despido de la princesa y me marcho.	
白 hablar	马来 ¡Trae mi caballo!	

马夫带马，杨延辉上马，马夫下 El palafrenero entra con el caballo. Yanhui Yang sube. El palafrenero sale.		

铁镜公主 Princesa Tiejing		
白 hablar	驸马请转 Esposo mío, por favor espera un momento.	

杨延辉 Yanhui Yang		
唱 cantar	公主有话快些言 Si tienes algo en mente, dilo rápido.	

续表

铁镜公主 Princesa Tiejing		
白 hablar	驸马，此番见了我那婆婆 Esposo, cuando veas a mi suegra esta vez,
	就说胡狄儿媳有不孝之罪了 dile que me siento culpable por ser desobediente.
唱 cantar	铁镜女泪涟涟 Yo, Tiejing, rompo en llanto,
	尊一声驸马听我言 respetuosamente le digo a mi esposo que me escuche.
	此番见了婆婆面 Cuando veas a mi suegra esta vez,
	你与我带上几句言 por favor transmítele mis palabras.
	儿愿婆婆康宁健 Deseo que ella tenga buena salud.
	儿愿太君福寿绵 Le deseo a tu madre buena fortuna y larga vida.
	倘若是五更你不回转 Si no regresas antes del amanecer,
	驸马爷呀 mi querido esposo,
	母子们宫帏内自缢黄泉 tu esposa y tu hijo se verán colgados en el palacio.

杨延辉 Yanhui Yang		
白 hablar	公主啊 ¡Princesa!
唱 cantar	公主不必泪不干 No llores más, mi princesa.
	忘了公主欺了天 Si te olvidara, sería como traicionar al cielo.

续表

		番儿带过马雕鞍 Palafrenero, ven y ajusta la silla tallada.
	白 hablar	马来 ¡Trae mi caballo!
	唱 cantar	泪汪汪哭出了雁门关 Con lágrimas en los ojos, cruzaré el Paso de Yanmen.

杨延辉下
Yanhui Yang sale.

铁镜公主
Princesa Tiejing

	唱 cantar	驸马，我夫！驸马爷呀 ¡Mi querido, mi esposo! ¡Mi querido!
		见驸马离宫院我心悬意念 Al ver a mi esposo dejar el palacio, quedo en la incertidumbre.
		但愿他早回转我心才安 Solo me sentiré aliviada si regresa pronto.

铁镜公主下
La princesa Teijing sale.

第四场：过关
Acto cuarto: Cruzando el paso

大国舅、二国舅、四兵丁同上
Entran juntos el tío real mayor, el tío real segundo y cuatro soldados.

大国舅
El tío real mayor

	唱 cantar	领了太后金鈚箭 Bajo la autoridad de la emperatriz,

二国舅
El tío real menor

	唱 cantar	刀出鞘来弓上弦 Nuestras espadas están desenvainadas y nuestros arcos tensados.

续表

大国舅 El tío real mayor		
唱 cantar	番儿与爷关前站 Soldados, custodien el paso con nosotros.	
二国舅 El tío real menor		
唱 cantar	有人过关仔细盘 Examínenlos minuciosamente a todos los que quieran pasar.	
马夫引杨延辉同上 El palafrenero, guiando, y Yanhui Yang entran juntos.		
杨延辉 Yanhui Yang		
唱 cantar	适才离了皇宫院 Habiendo dejado el palacio hace poco,	
	夫妻分别泪不干 estar lejos de mi esposa me sume en gran dolor.	
	将身来在关前站 He llegado al paso,	
	把关的儿郎列两边 los soldados que guardan el paso están alineados a ambos lados.	
白 hablar	开关 ¡Abran el camino!	
大国舅 El tío real mayor		
白 hablar	哪儿来的? ¿De dónde vienes?	
二国舅 El tío real menor		
白 hablar	往哪儿啊? ¿Adónde vas?	

续表

杨延辉 Yanhui Yang			
	白 hablar	奉了太后将令，出关另有公干 Estoy en una misión oficial por orden de la emperatriz.	
大国舅 El tío real mayor			
	白 hablar	可有令箭 ¿Tienes la flecha de mando?	
杨延辉 Yanhui Yang			
	白 hablar	站定了 ¡Pónganse allá!	
	唱 cantar	听说一声要令箭 Al escuchar su demanda de mostrar la flecha de mando,	
		翻身下了马雕鞍 bajo del sillín de mi caballo	
		用手取出金鈚箭 y la saco con ambas manos.	
		把关的儿郎仔细观 ¡Soldados que guardan el paso, mírenla bien!	
杨延辉下马，取令箭。大国舅、二国舅同看 Yanhui Yang baja del caballo y saca la flecha de mando. Los tíos reales la examinan.			
大国舅 El tío real mayor			
	唱 cantar	果然是太后金鈚箭 Es, de hecho, la flecha de mando de la emperatriz.	
二国舅 El tío real menor			
	唱 cantar	尊声壮士请过关 Respetado guerrero, puedes pasar libremente.	
杨延辉收令箭 Yanhui Yang toma de nuevo la flecha de mando.			

续表

杨延辉 Yanhui Yang		
唱 cantar	两国不和常交战 Los dos países en desacuerdo luchan todo el tiempo.	

大国舅 El tío real mayor		
白 hablar	不错，常常的打仗啊 Ah, ¡es cierto! ¡Todo el tiempo!	

杨延辉 Yanhui Yang		
唱 cantar	把守关口莫偷闲 ¡Nunca bajen la guardia al custodiar el paso!	

大国舅 El tío real mayor		
白 hablar	不敢偷闲啊 No nos atrevemos.	

杨延辉 Yanhui Yang		
唱 cantar	任那南蛮乔改扮 Incluso si un hombre del sur se disfraza,	
白 hablar	马来 ¡Trae mi caballo!	

马夫带马，杨延辉上马，马夫下
El palafrenero trae el caballo. Yanhui Yang sube. El palafrenero sale.

杨延辉 Yanhui Yang		
唱 cantar	无有太后的金鈚箭莫放他过关 ¡Nunca podría pasar sin la flecha de mando de la emperatriz!	

杨延辉出关，下
Yanhui Yang cruza el paso y sale.

续表

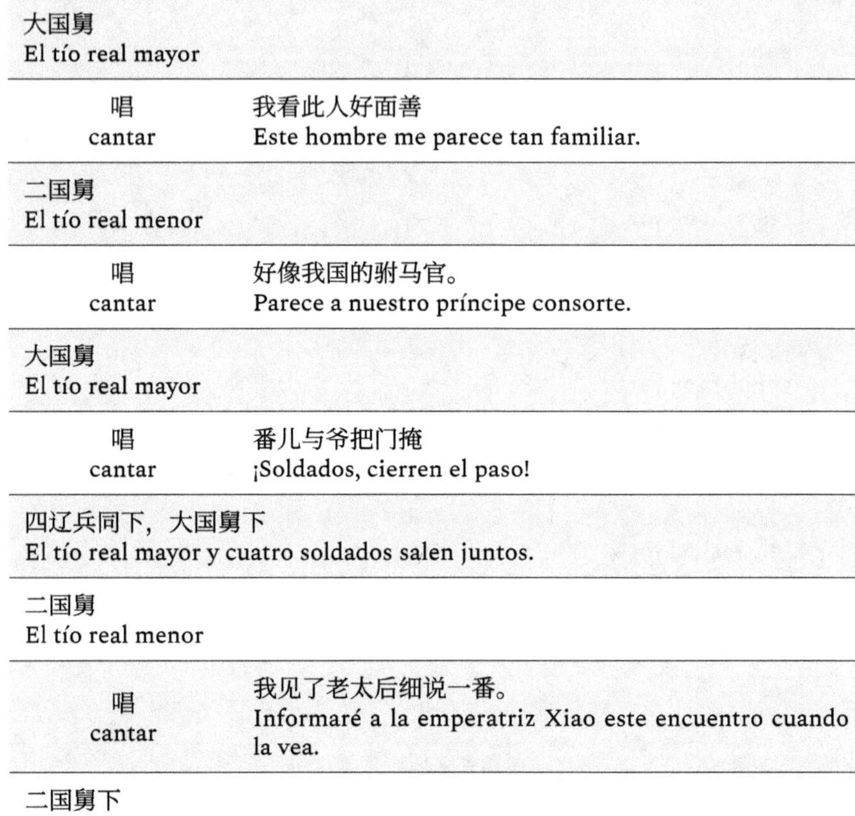

大国舅 El tío real mayor		
唱 cantar	我看此人好面善	Este hombre me parece tan familiar.
二国舅 El tío real menor		
唱 cantar	好像我国的驸马官。	Parece a nuestro príncipe consorte.
大国舅 El tío real mayor		
唱 cantar	番儿与爷把门掩	¡Soldados, cierren el paso!
四辽兵同下，大国舅下 El tío real mayor y cuatro soldados salen juntos.		
二国舅 El tío real menor		
唱 cantar	我见了老太后细说一番。	Informaré a la emperatriz Xiao este encuentro cuando la vea.
二国舅下 El tío real menor sale.		

第五场：巡营
Acto quinto: Inspección del campamento militar

杨宗保、四宋兵同上 Zongbao Yang y cuatro soldados entran juntos.		
杨宗保 Zongbao Yang		
唱 cantar	帐中领了父帅令	Siguiendo las órdenes de mi padre, el comandante en jefe,
	巡营瞭哨要小心	realizamos la patrulla y la inspección con vigilancia.

续表

白 hablar	俺，杨宗保 Yo soy Zongbao Yang.
	奉了父帅将令，巡营瞭哨 Bajo las órdenes de mi padre, el comandante en jefe, inspecciono elcampamento y monto guardia.
	军士们，听俺一令 ¡Soldados, escuchen mi orden!
唱 cantar	杨宗保在马上忙传将令 Yo, Yang Zongbao, a caballo, os doy vuestras órdenes.
	叫一声众兵丁细听分明 Soldados, debéis escucharme atentamente.
	萧天佐摆下了无名大阵 Tianzuo Xiao está desplegando su formación anónima.
	他要夺我主爷锦绣龙廷 Está ansioso por arrebatar nuestro país.
	向前者一个个俱有封赠 Aquellos de vosotros que avancéis seréis generosamente recompensados;
	退后者按军令插箭游营 aquellos que huyáis seréis públicamente humillados, conforme a las normas militares.
	耳边厢又听得銮铃声震 Oigo sonar una campana de caballo.
	军士撒下绊马绳 Soldados, coloquen la cuerda de tropiezo.

马夫、杨延辉同上
El palafrenero y Yanhui Yang entran juntos.

杨延辉
Yanhui Yang

唱 cantar	适才关口盘查紧 Nos interrogaron a fondo en el paso.
	乔装改扮黑夜行 Ahora hemos cambiado nuestra ropa para movernos mejor en la oscuridad.

续表

	眼望宋营灯光影 Puedo ver el resplandor del fuego del campamento Song;	
	刀枪剑戟似麻林 sus armas son espesas como árboles en el bosque.	
	大胆且把宋营进 Debemos armarnos de valor y entrar al campamento Song.	
	闯进宋营见娘亲 Irrumpo en el campamento Song para encontrarme con mi madre.	

杨宗保
Zongbao Yang

白 hablar	拿回去 ¡Arréstenlo y llévenlo!

杨延辉摔，四宋兵押杨延辉、马夫同下，杨宗保下
Yanhui Yang se cae, cuatro soldados lo escoltan y salen. Zongbao Yang sale.

第六场：见弟
Acto seis: Encuentro de hermanos

杨延昭
Yanzhao Yang

唱 cantar	一封战表到东京 Se envió una carta de desafío a la capital del este.

杨延昭、二旗牌同上
Yanzhao Yang entra acompañado de dos abanderados.

杨延昭
Yanzhao Yang

唱 cantar	宋王爷御驾亲自征 El emperador Song llegó personalmente al frente de batalla,
	萧天佐摆下无名阵 Tianzuo Xiao desplegó su formación militar sin nombre.

续表

	满营将官解不明 Los generales Song no lograron descifrarla.	
	我命宗保去巡营 Le pedí a mi hijo Zongbao que patrullara el campamento	
	中途路上遇仙人 y en el camino encontró a un hombre santo en la carretera	
	得来兵书三卷整 de quien obtuvo tres libros sobre el arte de la estrategia militar.	
	才知番邦阵有名 Solo gracias a estos libros pudimos descubrir el nombre de esa formación del ejército Liao.	
	将身且坐宝帐等 Ahora estoy sentado en la tienda esperando	
	五哥到来破天门 a que mi quinto hermano llegue y desentrañe la formación Puerta del Cielo.	
杨宗保上 Zongbao Yang entra.		
杨宗保 Zongbao Yang		
	唱 cantar	宝剑令箭作证凭 Con la espada y la flecha de mando como prueba,
		见了父帅说分明 debo informar sobre esto a mi padre, el comandante en jefe.
	白 hablar	参见父帅 ¡Vengo a presentar mis respetos, padre comandante en jefe!
杨延昭 Yanzhao Yang		
	白 hablar	罢了！命儿巡营瞭哨，进帐何事 Basta. Te envié a patrullar. ¿Por qué vienes aquí?

杨宗保 Zongbao Yang		
白 hablar	孩儿巡营瞭哨，拿住番邦奸细了 Mientras patrullaba, capturé a un espía enemigo del norte.	
杨延昭 Yanzhao Yang		
白 hablar	有何为证 ¿Qué pruebas tienes?	
杨宗保 Zongbao Yang		
白 hablar	宝剑令箭为证 Tengo la espada y la flecha de mando que él llevaba.	
杨延昭 Yanzhao Yang		
白 hablar	呈上来 Muéstramelas.	
	呜呼呀！果然番邦宝剑令箭，宗保听令 ¡Ah! Estas son realmente la espada y la flecha de mando de los Liao. Zongbao, ¡escucha mi orden!	
杨宗保 Zongbao Yang		
白 hablar	在 ¡Señor!	
杨延昭 Yanzhao Yang		
白 hablar	吩咐击鼓升帐 ¡Ordena tocar el tambor, llama a todos a la tienda!	
杨宗保 Zongbao Yang		
白 hablar	得令 ¡Sí, señor!	

续表

		父帅有令，击鼓升帐 Mi padre, el comandante en jefe, ha ordenado que se toque el tambor; ¡todos son llamados a la tienda!
杨延昭 Yanzhao Yang		
	白 hablar	拿住番邦将，升帐问根源。 Como han capturado a un enemigo, lo interrogaré en la tienda.
		押了上来 ¡Que aten bien al espía enemigo y lo traigan a la tienda!
杨延辉 Yanhui Yang		
	唱 cantar	大吼一声如雷震 El grito fue como un trueno.
		杨家将令鬼神惊 Incluso los fantasmas y dioses temen a los generales de la familia Yang.
		大胆我把宝帐进 Reúno mi valor y entro en la tienda.
		上面坐的同胞人 El que está sentado allí es mi hermano.
		将身站立丹墀定 Me quedo sin decirles mi nombre.
		问我一言答一声 Solo responderé cuando me pregunten.
杨延昭 Yanzhao Yang		
	唱 cantar	本帅帐中用目睁 Abro los ojos
		见一番汉帐中行 Y veo a un guerrero bárbaro frente a mí.
		龙行虎步非凡等 Su caminar regio no es el de una persona cualquiera.

续表

		你是番邦什么人 ¿Quién eres?
		家住哪州并哪县 ¿De qué provincia, de qué condado eres?
		要见本帅为何情 ¿Por qué viniste aquí?
杨延辉 Yanhui Yang		
	唱 cantar	家住山后磁州郡 Vengo de la ciudad de Cizhou más allá de las montañas,
		火塘寨上有家门 Huotangzhai es mi hogar.
		我父令公官极品 Mi padre es el caballero de la Cuchilla Dorada,
		我母佘氏老太君 Mi madre es la heroína She.
		十五年前沙滩会 En la playa de Arena Dorada hace quince años,
		失落番邦被贼擒 perdí mi camino en tierras bárbaras y fui capturado por los Liao.
		六弟下位把兄认 Mi sexto hermano, baja de tu silla y mírame.
		我是你四哥回宋营 Yo soy tu cuarto hermano. He regresado al campamento Song.
杨延昭 Yanzhao Yang		
	唱 cantar	听说是四哥回宋营 Al oír que es el cuarto hermano quien ha regresado,
		倒叫本帅喜在心 me siento feliz de mente.

续表

	三军与爷掩门禁 Todos, ¡manténganse en silencio!	
	自己骨肉认不清 No reconocimos a nuestro propio familiar.	
	走上前来忙松捆 Déjenme bajar de mi silla y desatarlo rápidamente.	
	弟兄对坐述寒温 Y sentarme cara a cara con mi hermano y charlar.	
杨宗保上 Zongbao Yang entra.		
杨宗保 Zongbao Yang		
唱 cantar	忽听前帐哭悲声 Al oír un triste llanto desde la tienda del frente,	
	见了父帅问分明 vengo corriendo para ver qué pasa.	
白 hablar	参见父帅 ¡Mis respetos a usted, padre comandante en jefe!	
杨延昭 Yanzhao Yang		
白 hablar	见过尔四伯父 Ven y conoce a tu tío cuarto.	
杨宗保 Zongbao Yang		
白 hablar	参见四伯父 Mis respetos a tío cuarto.	
杨延辉 Yanhui Yang		
白 hablar	罢了。这是何人 ¡Basta! ¿Quién es este joven?	
杨延昭 Yanzhao Yang		

续表

白 hablar	侄男宗保 Este es mi hijo, tu sobrino Zongbao.
杨延辉 Yanhui Yang	
白 hablar	多大年纪 ¿Cuántos años tiene?
杨延昭 Yanzhao Yang	
白 hablar	一十四岁 Catorce años.
杨延辉 Yanhui Yang	
白 hablar	呜呼呀！且喜杨家有后代，待我谢天谢地 ¡Oh! Con alegría escucho que nuestra familia Yang tiene un heredero. ¡Déjame agradecer al cielo y a la tierra!
杨延昭 Yanzhao Yang	
白 hablar	当谢天地。请坐 Debemos agradecer al cielo y a la tierra. Por favor...
	四哥失落番邦一十五载，怎样逃出龙潭虎穴 Cuarto hermano, estuviste atrapado en el norte durante quince años. ¿Cómo lograste escapar?
杨延辉 Yanhui Yang	
白 hablar	唉！一言难尽呐 ¡Ay! ¡Es una larga historia!
唱 cantar	弟兄们离别十五春 Estuve separado de ustedes durante quince años,
	我和你沙滩会两离分 desde aquel banquete en la playa de Arena Dorada.
	闻听得老娘就来到北郡 Escuché que nuestra madre había venido al norte,

续表

		因此上巧改扮黑夜里探望娘亲 así que cambié mi ropa y vine en medio de la noche para encontrarme con madre.
杨延昭 Yanzhao Yang		
	唱 cantar	四哥失落番邦地 La desaparición del cuarto hermano entre los Liao, anhelando tu regreso,
		哭坏了老娘亲 entristeció mucho a nuestra anciana madre,
		盼坏了四嫂夫人 y mantuvo a tu esposa.
		宗保儿近前听父令 Zongbao, sube aquí y escucha mi orden.
		晓谕三军莫高声 Dile a todos los soldados que guarden silencio sobre esto.
		哪个不尊为父令 Cualquiera que difunda algún rumor,
		插箭游营不徇情 será humillado públicamente sin posibilidad de perdón.
杨宗保 Zongbao Yang		
	白 hablar	得令 ¡Sí, señor!
	唱 cantar	原来四伯回宋营 Así que, el cuarto hermano ha regresado a nosotros.
		晓谕帐外莫高声 Les diré a todos los soldados que no digan nada sobre esto.
杨宗保下 Zongbao Yang sale.		
杨延辉 Yanhui Yang		

续表

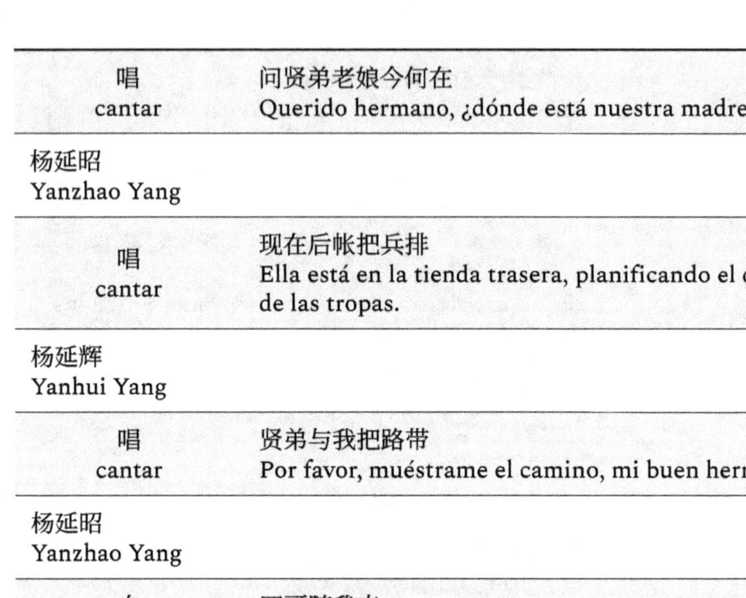

唱 cantar	问贤弟老娘今何在 Querido hermano, ¿dónde está nuestra madre?	
杨延昭 Yanzhao Yang		
唱 cantar	现在后帐把兵排 Ella está en la tienda trasera, planificando el despliegue de las tropas.	
杨延辉 Yanhui Yang		
唱 cantar	贤弟与我把路带 Por favor, muéstrame el camino, mi buen hermano.	
杨延昭 Yanzhao Yang		
白 hablar	四哥随我来 Sígueme, hermano.	
杨延辉 Yanhui Yang		
唱 cantar	母子们相逢痛伤怀 ¡El encuentro con madre será desgarrador!	
杨延昭、杨延辉同下 Yanzhao Yang y Yanhui Yang salen juntos.		

第七场：见娘
Acto siete: Encuentro con la madre

佘太君、杨八姐、杨九妹同上
Las hermanas octava y novena de la familia Yang, guiando a su madre, la viuda She, entran juntas.

佘太君 La viuda She		
唱 cantar	宋王爷御驾征北塞 El emperador Song lidera el ejército en una campaña contra la fortaleza del norte.	

续表

		两国不和动兵灾 Los dos reinos están en discordia y en guerra.
		我的儿宋营挂了帅 Mi hijo es el comandante en jefe del ejército Song.
		老身随驾到此来 Vine al norte junto con el ejército.
		八姐九妹前把路带 Hijas, lideren el camino.
		张灯结彩为何来 ¿Para qué son estas decoraciones?
杨延昭、杨延辉同上 Yanzhao Yang y Yanhui Yang entran juntos.		
杨延昭 Yanzhao Yang		
	唱 cantar	四哥且站营门外 Hermano, por favor, espera fuera de la puerta de la tienda.
杨延辉 Yanhui Yang		
	唱 cantar	贤弟禀报老萱台 Mi buen hermano, por favor, informa a nuestra madre.
杨延昭 Yanzhao Yang		
	白 hablar	参见母亲 ¡Saludos a madre!
佘太君 La viuda She		
	白 hablar	儿呀，夜静更深，进帐何事 Mi hijo. Es tarde en la noche. ¿Por qué estás aquí en la tienda?
杨延昭 Yanzhao Yang		

白 hablar	恭喜母亲，贺喜母亲 ¡Felicidades! ¡Felicidades, madre!
佘太君 La viuda She	
白 hablar	为娘喜从何来 ¿Por qué me estás felicitando?
杨延昭 Yanzhao Yang	
白 hablar	儿四哥回来了 ¡El hermano cuarto ha regresado!
佘太君 La viuda She	
白 hablar	哪个四哥 ¿Qué cuarto hermano?
杨延昭 Yanzhao Yang	
白 hablar	失落番邦一十五载延辉四哥回来了 El que se perdió en el reino extranjero hace quince años. ¡Hermano cuarto, Yanhui! ¡Ha regresado!
佘太君 La viuda She	
白 hablar	他……现在哪里 Él... ¿dónde está ahora?
杨延昭 Yanzhao Yang	
白 hablar	现在帐外 Espera fuera de la tienda.
佘太君 La viuda She	
白 hablar	快唤他进来 ¡Apresúrate y dile que entre!
杨延昭 Yanzhao Yang	

续表

白 hablar	是是是 ¡Sí!	
	啊，四哥，母亲唤你，随我进来 ¡Hermano, madre te pide que entres!	
杨延辉 Yanhui Yang		
白 hablar	是是是 ¡De acuerdo!	
佘太君 La viuda She		
白 hablar	这是你四哥 ¿Es este el hermano cuarto?	
杨延辉 Yanhui Yang		
白 hablar	母亲，老娘 ¡Madre! ¡Mi madre!	
佘太君 La viuda She		
白 hablar	延辉！哎！我的儿啊 ¡Yanhui! ¡Ah! ¡Mi hijo!	
唱 cantar	一见姣儿泪满腮 Al ver a mi hijo, las lágrimas caen por mi rostro.	
	点点珠泪洒下来 Las lágrimas caen gota a gota.	
	沙滩会，一场败 Después de la derrota en la reunión de playa de Arena Dorada,	
	只杀得杨家就好不悲哀 nuestra familia Yang sufrió una gran pérdida.	
	儿大哥长枪来刺坏 Tu hermano mayor fue asesinado por lanzas,	
	你二哥短剑下他命赴阳台 tu segundo hermano perdió la vida por dagas,	

续表

	三哥马踏如泥块 el cuerpo de tu tercer hermano fue pisoteado por caballos en el barro.	
	最可叹我的儿你失落番邦一十五载未曾回来 Tú, mi hijo, te perdiste en un reino extranjero durante quince años.	
	惟有儿五弟把性情改 Tu quinto hermano, sin embargo, cambió totalmente.	
	削发为僧出家在五台 Se hizo monje en la montaña Wutai.	
	儿六弟镇守边关为元帅 Tu sexto hermano fue nombrado comandante en jefe y guarda los tres pasos.	
	最可叹你七弟他被潘洪绑在那芭蕉树上乱箭穿身死无处葬埋 El más lamentable fue tu séptimo hermano. Fue atado a un árbol de plátano y asesinado a flechazos por Hong Pan y su cuerpo no pudo ser enterrado.	
	娘只说我的儿 Solo he estado pensando en mis hijos.	
	今不在，延辉我的儿 ¿Cómo es que estás aquí ahora? Yanhui, ¡mi hijo!	
	哪阵风把儿你吹回来 ¿Qué viento te ha traído de vuelta?	
杨延辉 Yanhui Yang		
	白 hablar	娘啊 ¡Madre!
	唱 cantar	老娘亲请上受儿拜 ¡Por favor, acepta mi reverencia!
杨延辉 Yanhui Yang		
	白 hablar	娘啊 ¡Mamá!

续表

佘太君 La viuda She		
白 hablar	儿啊 ¡Mi hijo!	
杨延辉 Yanhui Yang		
唱 cantar	千拜万拜也是折不过儿的罪来 Incluso miles de reverencias no pueden compensar mi culpa.	
	孩儿被困在番邦外 Estaba atrapado en el norte.	
	隐性瞒名躲祸灾 Para evitar ser asesinado, tomé un alias.	
	多蒙太后的恩泽似海 Gracias a la bondad de la emperatriz Xiao,	
	铁镜公主配和谐 he estado felizmente casado con la princesa Tiejing.	
	儿在番邦一十五载 Pero durante todos estos quince años en el norte,	
	常把我的老娘挂在儿的心怀 siempre he estado pensando en mi vieja madre.	
	胡狄衣冠懒穿戴 Estoy obligado a llevar la vestimenta del norte.	
	每年间花开 Aunque las flores florezcan cada año,	
	儿的心不开 mi corazón nunca se ha sentido feliz.	
	闻听得老娘征北塞 Cuando supe que mi vieja madre venía al norte,	
	乔装改扮过营来 me disfracé y vine a visitarte.	

续表

		见母一面愁眉解 Verte ahora tranquiliza mi mente.
		我愿老娘福寿康宁 Deseo a mi vieja madre una vida bendecida y larga,
唱 cantar		永和谐无灾 armoniosa sin tragedia.
佘太君 La viuda She		
唱 cantar		我儿被困番邦外 ¿Te llevas bien con tu esposa?
		公主贤哉不贤哉 ¿Es la princesa una buena esposa?
杨延辉 Yanhui Yang		
白 hablar		娘啊 ¡Madre!
唱 cantar		铁镜公主真可爱 La princesa Tiejing es realmente una buena esposa.
		她与我生下小婴孩 Tenemos un bebé.
		本当过营来叩拜 Ella misma habría venido conmigo para rendirte homenaje.
		怎奈这两国相争 Sin embargo, con los dos países en guerra,
		儿的娘啊 ¡mi madre!
		她不能来 ella no pudo venir.
佘太君 La viuda She		
唱 cantar		眼望番邦深深拜 Enfrentándose al norte y saludando sinceramente,

续表

		贤德儿媳不能来 mi virtuosa nuera no puede venir.
杨延辉 Yanhui Yang		
	唱 cantar	六弟请上受兄拜 Hermano Yanzhao, ¡por favor acepta mi reverencia!
		贤弟可挂忠孝牌 ¡Eres de verdad un hijo leal y piadoso!
杨延昭 Yanzhao Yang		
	白 hablar	四哥。 ¡Hermano cuarto!
	唱 cantar	说什么弟挂忠孝牌 No digas eso.
		同父同母共同胎 Somos hermanos.
杨延辉 Yanhui Yang		
	唱 cantar	二贤妹请上受兄拜 Mis dos buenas hermanas, ¡por favor acepten mi reverencia!
		有劳侍奉老萱台 Me siento tan avergonzado al compararme con ustedes.
杨八姐、杨九妹 Hermanas de Yanhui Yang		
	白 hablar	四哥 ¡Hermano cuarto!
	唱 cantar	四哥失落番邦外 No necesitas rendirnos reverencias.
		侍奉老母理应该 Es nuestra responsabilidad cuidar a nuestra vieja madre.
佘太君 La viuda She		

续表

白 hablar	儿啊 ¡Mi hijo!	
唱 cantar	失落番邦十五载 En los quince años en que has estado viviendo en el norte,	
	你妻未曾扮妆台 tu esposa no se ha maquillado ni una sola vez.	
杨延辉 Yanhui Yang		
白 hablar	哦 ¡Ah!	
唱 cantar	听一言来泪满腮 Lágrimas corren por mi rostro al escuchar sus palabras.	
	好似钢刀刺心怀 Siento como si mi corazón fuera apuñalado por una espada.	
	问贤妹你四嫂今何在 Mis queridas hermanas, ¿dónde está mi esposa ahora?	
杨八姐、杨九妹 Hermanas de Yanhui Yang		
唱 cantar	现在后帐未出来 Está en la tienda trasera.	
杨延辉 Yanhui Yang		
唱 cantar	有劳贤妹把路带 Por favor, muéstrenme el camino, mis buenas hermanas.	
佘太君 La viuda She		
白 hablar	儿啊 ¡Mi hijo!	
杨延辉 Yanhui Yang		

续表

唱 cantar	儿到后面看一看受苦的女裙钗，儿的娘啊！儿我去去就来。 Voy a encontrarme con mi pobre esposa. Madre, volveré enseguida.

杨八姐、杨九妹、杨延辉同下。
La hermana octava, la hermana novena y Yanhui Yang salen.

佘太君
La viuda She

唱 cantar	六郎后帐把宴摆 Hijo Yanzhao, ve detrás y ordena que se prepare un banquete.
	与你兄长饮开怀 ¡Bebamos con tu hermano!

佘太君、杨延昭同下
La viuda She y Yanzhao Yang salen.

第八场：见妻
Acto ocho: El encuentro con la esposa

四夫人上
Entra la esposa de Yanhui Yang.

四夫人
Esposa de Yanhui Yang

唱 cantar	儿夫失落番邦外 Mi esposo se perdió en el norte,
	怎不叫人挂心怀 ¿cómo no iba a preocuparme por él?
	将身且坐后营寨 Me siento en el campamento trasero,
	眼观月色盼夫来 bajo la luz de la luna espero y vigilo el retorno de mi esposo.

杨八姐、杨九妹、杨延辉同上
Entran la octava hermana, la novena hermana y Yanhui Yang

续表

杨八姐、杨九妹 Hermanas de Yanhui Yang		
唱 cantar	四哥且站营门外 Hermano, será mejor que esperes un poco fuera de la tienda,	
	见了四嫂说开怀 vamos a ver a la cuñada y desearle felicidad.	
白 hablar	恭喜四嫂贺喜四嫂 ¡Felicidades, cuñada! ¡Felicidades!	
四夫人 La esposa de Yanhui Yang		
白 hablar	喜从何来 ¿Por qué me felicitáis?	
杨八姐、杨九妹 Hermanas de Yanhui Yang		
白 hablar	我四哥回来了 ¡El hermano cuarto ha vuelto!	
四夫人 La esposa de Yanhui Yang		
白 hablar	哪个四哥 ¿Qué hermano cuarto?	
杨八姐、杨九妹 Hermanas de Yanhui Yang		
白 hablar	延辉四哥回来了 ¡Nuestro hermano cuarto, Yanhui, ha regresado!	
四夫人 La esposa de Yanhui Yang		
白 hablar	他现在何处 ¿Dónde está ahora?	
杨八姐、杨九妹 Hermanas de Yanhui Yang		
白 hablar	现在帐外 Espera fuera de la tienda.	

续表

四夫人 La esposa de Yanhui Yang		
白 hablar	快快有请 ¡Que entre rápido!	
杨八姐、杨九妹 Hermanas de Yanhui Yang		
白 hablar	有请四哥 Hermano, ¡por favor, entra!	
杨延辉 Yanhui Yang		
白 hablar	这是你四嫂 ¿Es esta vuestra cuñada?	
四夫人 La esposa de Yanhui Yang		
白 hablar	这是你四哥 ¿Es este vuestro hermano?	
杨延辉 Yanhui Yang		
白 hablar	夫人，我妻 ¡Mi querida! ¡Mi esposa!	
四夫人 La esposa de Yanhui Yang		
白 hablar	延辉，我夫 ¡Yanhui, mi esposo!	
杨延辉、四夫人 Yanhui Yang y su esposa		
白 hablar	妻／夫啊 ¡Mi corazón!	
杨八姐、杨九妹同下 Las dos hermanas salen.		
四夫人 La esposa de Yanhui Yang		

续表

唱 cantar	一见儿夫泪满腮 Al ver a mi esposo, las lágrimas inundan mis ojos,	
	点点珠泪洒下来 gota a gota caen.	
	自从沙滩一阵败 Desde la derrota en la playa de Arena Dorada,	
	你在何处把名埋 ¿dónde te escondiste?	
杨延辉 Yanhui Yang		
白 hablar	妻呀! ¡Mi esposa!	
唱 cantar	沙滩赴会一阵败 Desde la derrota en la playa de Arena Dorada,	
	隐姓埋名身枭祸灾 adopté un alias para evitar el desastre.	
	萧后待我的恩似海 Gracias a la bondad de la emperatriz Xiao,	
	铁镜公主配和谐 me uní felizmente en matrimonio con la princesa Tiejing.	
	闻听得老娘征北塞 Cuando supe que mi anciana madre había venido al norte,	
	乔装改扮过营来 me disfracé y vine aquí.	
	一来是见母问安泰 Primero, vine a encontrarme con mi madre y preguntar por su salud.	
	二来夫妻叙开怀 Segundo, tú y yo, esposos, ahora podemos tener una charla feliz.	
四夫人 La esposa de Yanhui Yang		

续表

白 hablar	哎 ¡Eh!	
唱 cantar	听一言来奴不爱 No me alegra oír tus palabras.	
	铁镜公主配和谐 La princesa Tiejing te desposó felizmente,	
	奴为你懒把鲜花戴 mientras yo, en tu ausencia, dejé de arreglarme.	
	十五载未上梳妆台 ¡Durante quince años, no he tocado mi maquillaje!	
杨延辉 Yanhui Yang		
唱 cantar	虽然失落番邦外 Aunque estaba retenido entre los Liao,	
	常把我妻挂心怀 siempre te tuve en mente.	
	夫妻们只哭得肝肠坏 Deberíamos llorar juntos.	
	我的妻啊 ¡Mi esposa!	
	四更鼓 Suena el tambor indicando la una de la madrugada.	
白 hablar	哎呀 ¡Oh!	
	谯楼鼓打四更牌 El tambor de la una está sonando,	
	辞别贤妻出帐外 debo despedirme de mi esposa y salir de la tienda.	
四夫人 La esposa de Yanhui Yang		
唱 cantar	手拉儿夫不放开 Aferro a mi esposo, no queriendo dejarlo ir.	

续表

哭 llorar	你要走来将我带 llorar Si debes irte, llévame contigo.	
	我的夫啊 ¡Mi esposo!	
杨延辉 Yanhui Yang		
唱 cantar	你苦苦地留我为何来 ¿Por qué intentas persuadirme tan lastimosamente para quedarme?	
四夫人 La esposa de Yanhui Yang		
唱 cantar	你不知老母年纪迈 No estás pensando en tu anciana madre,	
	你把为妻我怎安排 ¿y qué será de mí?	
杨延辉 Yanhui Yang		
唱 cantar	我岂不知老娘年高迈 ¿Cómo no voy a saber que la madre es anciana?	
	船到江心马临崖 Soy como el barco en medio del agua o el caballo frente al precipicio.	
	狠心肠将我妻抛别帐外 Debo ser decisivo y dejar a mi esposa fuera de la tienda.	
杨延辉、四夫人同下 Yanhui Yang y su esposa salen		

第九场：哭堂
Acto nueve: Llorando en el pasillo

杨延昭、杨八姐、杨九妹引佘太君同上
Entran juntos la viuda She, Yanzhao Yang y las hermanas.

佘太君 La viuda She	

续表

唱 cantar	耳旁又听放悲哀 Al oír su triste llanto,	
	想是他夫妻痛伤怀 debe ser el desgarrador adiós entre esposo y esposa.	
杨延辉上，四夫人追上 Entran Yanhui Yang y su esposa.		
杨延辉 Yanhui Yang		
唱 cantar	辞别老娘出帐外 cantarDebo despedirme de mi madre y regresar al norte.	
四夫人 La esposa de Yanhui Yang		
唱 cantar	再与婆婆说开怀 Debo decirle la verdad.	
白 hablar	哎呀，婆婆啊！你孩儿刚刚回来，他又要回去了 ¡Madre! Tu hijo acaba de regresar. Pero... pero está por marcharse de nuevo.	
佘太君 La viuda She		
白 hablar	儿啊！你才回来，怎么你又要回去 ¡Hijo mío! ¿Acabas de volver y ya te vas a marchar?	
	岂不知这天地为大，忠孝当先 ¿No sabes que la lealtad y la piedad filial son las cosas más importantes del mundo?	
杨延辉 Yanhui Yang		
白 hablar	哎呀母亲！孩儿岂不知天地为大，忠孝当先。 ¡Oh! ¡Madre! ¿Cómo podría no saberlo?	
	儿若不回去，你那媳妇孙儿，就要受那一刀之苦。 Sin embargo, si no regreso, ¡tu nuera y tu nieto serán asesinados!	
佘太君 La viuda She		

续表

唱 cantar	我哭一声延辉我的儿啊 ¡Yanhui, hijo mío!	

杨延辉
Yanhui Yang

唱 cantar	老娘亲呐 ¡Madre!	

杨延昭
Yanzhao Yang

唱 cantar	四兄长呃 ¡Hermano!	

杨延辉
Yanhui Yang

唱 cantar	六贤弟 ¡Hermano!	

杨八姐、杨九妹
Hermanas de Yanhui Yang

唱 cantar	四哥哥 ¡Hermano!	

杨延辉
Yanhui Yang

唱 cantar	二贤妹 ¡Mis dos queridas hermanas!	

四夫人
La esposa de Yanhui Yang

唱 cantar	我的夫哇 ¡Mi esposo!	

杨延辉
Yanhui Yang

唱 cantar	我那苦命的妻呀 ¡Mi pobre esposa!	

五更鼓
Suena el tambor indicando las tres de la mañana

续表

白 hablar	哎呀 ¡Uy!	
唱 cantar	谯楼鼓打五更牌 El tambor de las tres suena,	
	辞别老娘回北塞 ¡debo despedirme de mi anciana madre y regresar al norte!	

杨八姐、杨九妹架住杨延辉，四夫人跪拉杨延辉，杨延昭跪抬杨延辉腿
Las dos hermanas sujetan los brazos de Yanhui Yang; su esposa, de rodillas, se aferra a su pierna. Yanzhao Yang, de rodillas, se aferra a la otra pierna de su hermano.

杨延辉
Yanhui Yang

唱 cantar	杨四郎心中似刀裁 ¡Siento como si cuchillos atravesaran mi corazón!
	舍不得老娘年高迈 ¡No puedo soportar dejar a mi anciana madre!
	舍不得六贤弟将英才 ¡No puedo soportar dejar a mi heroico hermano sexto!
	舍不得二贤妹未出闺门外 ¡No puedo soportar dejar a mis dos buenas hermanas solteras!
	实实实……难舍结发的夫妻两分开 ¡Realmente... realmente no puedo soportar separarme de mi afligida esposa!
	杨四郎今把良心坏 Hoy debo endurecer mi corazón,
	急回番邦莫迟延 debo regresar al norte sin más dilación,
	狠心肠将一家抛别帐外啊 Decididamente, me despido de todos mis familiares y salgo de la tienda.

杨延辉下
Yanhui Yang sale.

续表

佘太君 La viuda She		
唱 cantar	一见我儿回北塞 Viendo a mi hijo partir de regreso al norte,	
	再要相逢梦中来 si alguna vez nos volvemos a encontrar, solo será en nuestros sueños!	
杨八姐，杨九妹，四夫人同哭，众人同下 Las dos hermanas y la esposa de Yanhui Yang salen llorando, los demás salen juntos.		

第十场：擒杨
Acto diez: Capturando a Yang

大国舅、二国舅同上 El tío real mayor y el tío real segundo entran juntos.		
大国舅 El tío real mayor		
白 hablar	摘去顶带 Despojémonos de nuestros gorros oficiales.	
二国舅 El tío real menor		
白 hablar	罚俸三载 Sométannos a una multa de tres años de salario.	
大国舅 El tío real mayor		
白 hablar	国荣请了 ¡Por favor!	
二国舅 El tío real menor		
白 hablar	请了 ¡Por favor!	
大国舅 El tío real mayor		

续表

白 hablar	咱把木易放出关去 Permitimos que Yi An pasara por el paso. Ahora, esperemos en la entrada su regreso.

在闸子口等着他
Esperemos en la entrada.

二国舅
El tío real menor

白 hablar	走 ¡Vamos!

马夫引杨延辉同上，杨延辉下马
Yanhui Yang, guiado por su palafrenero, entra junto con él. Yang baja de su caballo.

二国舅
El tío real menor

白 hablar	来了。来来来，下马跟你有话说 Ahí está. ¡Ven aquí! ¡Baja del caballo! Necesitamos hablar contigo.

大国舅
El tío real mayor

白 hablar	来来来来来 Ven, ven aquí.

大国舅
El tío real mayor

白 hablar	下马 Baja del caballo.

大国舅
¡Bájate del caballo!

白 hablar	接嘴巴 ¡Te voy a abofetear!

二国舅
El tío real menor

白 hablar	戴上吧你 ¡Póntelas!

续表

大国舅打杨延辉嘴巴，二国旁给杨延辉带手桎。众人同下 El tío real mayor abofetea a Yang en la cara. El tío real segundo le coloca las esposas en las manos a Yanhui Yang. Todos salen juntos.		

第十一场：回令
Acto once: Devolución de la flecha de mando

四辽女、四辽兵、萧太后同上 Cuatro soldados, cuatro doncellas y la emperatriz Xiao entran juntos		
萧太后 Emperatriz Xiao		
	白 hablar	散出鹰鹚去，捉拿燕子归 ¡Envíen las águilas y recuperen la golondrina!
大国舅上 Entra el tío real mayor		
大国舅 El tío real mayor		
	白 hablar	木易拿到，宝剑令箭追回 ¡Yi An ha sido capturado y la flecha de mando ha sido recuperada!
萧太后 Emperatriz Xiao		
	白 hablar	把木易给我押上来 ¡Traedlo ante mí!
大国舅 El tío real mayor		
	白 hablar	押上来 ¡Traedlo aquí!
		二国舅押杨延辉同上 Entra el segundo Tío Real con Yanhui Yang.
杨延辉 Yanhui Yang		
	唱 cantar	龙困沙滩虎陷阱 Me siento como un dragón varado en la playa a o un tigre caído en una trampa,

续表

	好似鱼儿把钩吞 como un pez que ha tragado el anzuelo.	
	罢罢罢且把银安进 Bien... bien... Déjenme entrar al Palacio Yinan.	
	太后面前请罪名 Pediré a su majestad que determine mi castigo.	
萧太后 Emperatriz Xiao		
	家住哪州并哪郡 ¿De qué provincia, de qué condado vienes?	
	一一从头你说分明 ¡Dinos la verdad desde el principio!	
杨延辉 Yanhui Yang		
唱 cantar	家住山后磁州郡 Vengo de la provincia de Cizhou, más allá de las montañas,	
	火塘寨上有家门 Huotangzhai es mi pueblo natal.	
	我父令公官一品 Mi padre era el caballero de la Cuchilla Dorada,	
	我母佘氏老太君 mi madre es la heroína She.	
	若问孩儿的名和姓 Majestad, si me pregunta quién soy,	
	我本是杨…… yo soy Yang...	
大国舅 El tío real mayor		
白 hablar	说 ¡Habla!	
二国舅 El tío real menor		

续表

白 hablar	讲 ¡Habla!	
白 hablar	杨什么 ¿Yang qué?	
杨延辉 Yanhui Yang		
唱 cantar	杨延辉就是儿的名 ¡Yanhui Yang es mi nombre!	
萧太后 Emperatriz Xiao		
白 hablar	呸 ¡Maldito seas!	
唱 cantar	吩咐两旁刀斧手 Ordeno a los verdugos	
	推出银安问斩刑 que lo saquen del Palacio Yin-an y le corten la cabeza.	
白 hablar	斩 ¡Mátenlo!	
杨延辉 Yanhui Yang		
唱 cantar	听说一声问斩刑 Al oír que voy a ser ejecutado,	
	吓得延辉胆战惊 tiemblo de miedo.	
	眼望后宫呼救应 Mirando hacia el palacio trasero, espero que la ayuda pueda llegar.	
白 hablar	公主啊 ¡Princesa!	
二国舅下 El segundo tío real sale.		

续表

唱 cantar	夫妻们见一面我死也甘心 ¡Moriría sin arrepentimientos si pudiera ver a mi esposa una última vez!	
二国舅、铁镜公主同上 Entran juntos el segundo tío real y la princesa Tiejing.		
二国舅 El tío real menor		
白 hablar	公主快走吧！晚了就瞧不见啦 Princesa, ¡apresúrate! De lo contrario, si llegas tarde, nunca lo verás de nuevo.	
铁镜公主 Princesa Tiejing		
唱 cantar	喂呀 llorar¡Ay!	
唱 cantar	忽听国舅来报信 Acabo de escuchar el informe de los tíos reales,	
	倒叫咱家吃一惊 me sorprendió.	
	母后怎样将他问 ¿Qué le preguntó madre?	
白 hablar	驸马醒来 hablarDespierta.	
	快快醒来说分明 Despierta y explícanos.	
大国舅 El tío real mayor		
白 hablar	驸马爷，您醒醒吧 Príncipe consorte, por favor, despierte.	
杨延辉 Yanhui Yang		
唱 cantar	殿角下绑得我昏迷不醒 Me ataron tan fuerte que me desmayé en un rincón del palacio.	

大国舅 El tío real mayor		
白 hablar	驸马爷您醒醒看看谁来了 Príncipe consorte, despierte y mire quién está aquí.	
杨延辉 Yanhui Yang		
白 hablar	哎呀，公主 ¡Oh! ¡Mi princesa!	
大国舅 El tío real mayor		
白 hablar	公主在那边呢！吓糊涂了 La princesa está allí. Te asustaste tanto que estás todo confundido.	
二国舅 El tío real menor		
白 hablar	可不是么 ¡Exacto!	
杨延辉 Yanhui Yang		
唱 cantar	一见公主到来临 Veo que la princesa ha venido.	
	你若念在夫妻义 Si valoras nuestro matrimonio,	
	太后面前讲人情 habla con la emperatriz en mi nombre.	
	你若不念夫妻义 Si no te importo,	
	斩了我杨延辉你另嫁旁人 deja que me ejecuten y podrás casarte con otra.	
铁镜公主 Princesa Tiejing		
白 hablar	驸马 ¡Mi esposo!	

续表

唱 cantar	驸马爷暂受一时捆 Solo resiste estar atado un poco más.	
	咱家上殿讲人情 Intercederé por ti.	
	迈步且把银安进 Me dirijo hacia el Palacio Yin-an.	
	问我一言答一声 Responderé a cada pregunta que ella haga.	
萧太后 Emperatriz Xiao		
唱 cantar	我儿不在后宫廷 Querido, ¿por qué no estás en el palacio trasero?	
	来在银安为何情 ¿Qué te trae al Palacio Yin-an?	
铁镜公主 Princesa Tiejing		
白 hablar	额娘 ¡Madre!	
唱 cantar	驸马犯了何条令 ¿Qué crimen ha cometido mi esposo	
	因何捆绑就问斩刑 para que ordenaras su captura y ejecución?	
萧太后 Emperatriz Xiao		
唱 cantar	你夫妻定计盗我的令 Tú y tu esposo robaron mi flecha de mando.	
	反把言语问娘亲 ¿Y ahora me pides explicaciones?	
铁镜公主 Princesa Tiejing		
唱 cantar	驸马犯罪理当斩 Mi esposo debería ser ejecutado según la ley,	

续表

		看在儿面就饶他的身 pero te ruego que lo perdones por mí.
萧太后 Emperatriz Xiao		
	白 hablar	定斩不赦 Definitivamente lo ejecutaré; ¡nunca podré perdonarlo!
铁镜公主 Princesa Tiejing		
	白 hablar	呀 ¡Ah!
	唱 cantar	母后不把人情准 Madre, mi súplica no te conmueve.
		倒叫咱家无计行 ¡No sé qué hacer!
		出得殿来驸马请 Salgo del Palacio Yin-an y le digo a mi esposo:
	白 hablar	驸马 ¡Esposo!
	唱 cantar	一同哀告你我的老娘亲 Ven conmigo y juntos rogaremos por la misericordia de nuestra madre.
杨延辉 Yanhui Yang		
	白 hablar	太后 ¡Majestad!
铁镜公主 Princesa Tiejing		
	白 hablar	额娘 ¡Querida madre!
杨延辉 Yanhui Yang		
		我哭、哭一声老太后 Lloro, lloro por su majestad.

续表

铁镜公主 Princesa Tiejing		
唱 cantar	我叫、叫、叫、叫一声老娘亲 llorar Llamo, llamo a mi querida madre.	
杨延辉 Yanhui Yang		
唱 cantar	当初被擒就该斩 Deberían haberme matado cuando me capturaron en primer lugar.	
铁镜公主 Princesa Tiejing		
唱 cantar	不该与儿配为婚 No deberías haberte casado con él.	
杨延辉 Yanhui Yang		
唱 cantar	斩了孩儿不打紧 No es gran cosa si me matas.	
铁镜公主 Princesa Tiejing		
唱 cantar	儿的终身靠何人 Pero si es así, ¿en quién podré confiar en el futuro?	
杨延辉 Yanhui Yang		
唱 cantar	老太后 ¡Majestad!	
铁镜公主 Princesa Tiejing		
唱 cantar	老娘亲 ¡Madre!	
杨延辉、铁镜公主 Yanhui Yang y la princesa Tiejing		
唱 cantar	啊 ¡Ah!	

杨延辉 Yanhui Yang	
唱 cantar	我的丈母娘啊 ¡Mi querida madre!
萧太后 Emperatriz Xiao	
白 hablar	住了吧 ¡Basta!
二国舅 El tío real menor	
白 hablar	那可又怎么着呢 ¿Qué deberíamos hacer ahora?
大国舅 El tío real mayor	
白 hablar	没什么说的，你瞧瞧这小公母俩哭的多可怜呐 ¡Qué pobre es esta pareja!
	咱们过去说个人情吧 Avancemos y pidámosle a la emperatriz que los perdone.
二国舅 El tío real menor	
白 hablar	得了吧，这个人情恐怕讲不下来 ¡Vamos! ¡No pareceríamos muy convincentes!
大国舅 El tío real mayor	
白 hablar	你哪知道啊，老太后喜欢的就是咱们这个长相的 No lo sabrías, pero a su majestad le gustan nuestras apariencias.
二国舅 El tío real menor	
白 hablar	你说的，老太后最欢喜就是咱们这个长相的 Bueno, lo has dicho: a la emperatriz le gustan nuestras apariencias.

续表

		咱们试试 ¿Lo intentamos entonces?
大国舅 El tío real mayor		
	白 hablar	试试 Vamos a intentarlo.
大国舅、二国舅 El tío real mayor y el tío real menor		
	白 hablar	太后在上，我们哥儿俩给您请安啦 Distinguida emperatriz, los hermanos te deseamos todo lo mejor.
萧太后 Emperatriz Xiao		
	白 hablar	二位国舅上殿何事啊 ¿Por qué habéis venido aquí?
大国舅 El tío real mayor		
	白 hablar	驸马犯罪 El consorte de la princesa cometió un crimen
		理应问斩 y debería ser ejecutado.
		念在我们小哥儿俩鞍前马后的 Sin embargo, como suele ser trabajador,
		没有别的，将驸马爷给赦了吧。 debería ser perdonado en lugar de ejecutado.
萧太后 Emperatriz Xiao		
	白 hablar	敢是给驸马讲情吗 ¿Estáis pidiendo perdón en su nombre?
大国舅、二国舅 El tío real mayor y el tío real menor		
	白 hablar	不敢！太后开恩吧 ¡No nos atrevemos! ¡Por favor, muestra tu misericordia!

续表

萧太后 Emperatriz Xiao		
白 hablar	我问问你们， Permíteme preguntaros.	
	驸马出关的时候，是你们谁把他放出去的 ¿Quién permitió que Yi An se escapara ese día?	
大国舅、二国舅 El tío real mayor y el tío real menor		
白 hablar	他放的 ¡Él lo hizo!	
萧太后 Emperatriz Xiao		
白 hablar	又是谁擒回来的呢 ¿Y quién lo capturó y lo trajo de vuelta?	
大国舅 El tío real mayor		
白 hablar	是我是我 Yo, yo!	
二国舅 El tío real menor		
白 hablar	是我是我，那天我值班 No, ¡fui yo! Yo estaba de guardia ese día.	
大国舅 El tío real mayor		
白 hablar	嘿，好小子 ¡Hey, menudo cabrón!	
萧太后 Emperatriz Xiao		
白 hablar	啊哈哈哈哈 ¡Ja, ja!	
大国舅、二国舅 El tío real mayor y el tío real menor		

续表

白 hablar	乐了，有门儿 La emperatriz se está riendo. ¡Funcionó!

萧太后
Emperatriz Xiao

白 hablar	待着吧！我是先斩木易然后要你们二人的脑袋 ¡Espera! Voy a ordenar que decapiten primero a Yi An y luego a los dos.

大国舅、二国舅
El tío real mayor y el tío real menor

白 hablar	得，又饶俩 ¡Eso es genial, ahora nos ha agregado a nosotros dos!

铁镜公主
Princesa Tiejing

白 hablar	哎 ¡Ay!
唱 cantar	母后再三不容情 Madre, te niegas a perdonarlo a pesar de nuestras súplicas.
	倒叫咱家怒气生 Me estoy enojando.
	当初被擒就该斩 Deberían haberlo matado cuando lo capturaron hace quince años.

萧太后
Emperatriz Xiao

唱 cantar	不知他是那姓杨人 No sabíamos que era de la familia Yang.

铁镜公主
Princesa Tiejing

唱 cantar	斩了驸马儿无靠 Seré viuda si lo matan.

萧太后
Emperatriz Xiao

续表

唱 cantar		再与我儿你配为婚 Te casaré con alguien más.
铁镜公主 Princesa Tiejing		
唱 cantar		好马不把双鞍配 Un buen caballo no permite que le coloquen dos monturas diferentes.
萧太后 Emperatriz Xiao		
唱 cantar		哪有个长生不老的人 ¡Nadie vive para siempre!
白 hablar		下去 ¡Fuera!
铁镜公主 Princesa Tiejing		
白 hablar		呀 ¡Ah!
唱 cantar		下得银安无计行 Al haber dejado el Palacio Yin-an, estoy al borde de la desesperación.
大国舅 El tío real mayor		
白 hablar		我说公主，都到什么节骨眼了，您不想法子搭救驸马爷，站在这您要的哪门子巧腔啊您 Princesa, ¿qué haces aquí si no estás pensando en cómo salvar a tu esposo?
铁镜公主 Princesa Tiejing		
白 hablar		我说二位国舅呀 ¡Ustedes, mis dos tíos reales!
大国舅、二国舅 El tío real mayor y el tío real menor		
白 hablar		公主 ¡Princesa!

续表

铁镜公主 Princesa Tiejing		
白 hablar	事到如今呐，我可是连一点儿主意也都没有了 En este momento no sé qué hacer.	

二国舅 El tío real menor		
白 hablar	得，您怎么改了粘事则迷了 Estás demasiado involucrada como para ver con claridad.	

铁镜公主 Princesa Tiejing		
白 hablar	您二位给我出个主意吧 ¡Por favor, ayúdenme a pensar en algo!	

大国舅 El tío real mayor		
白 hablar	得得得，我给您出个主意啊 Está bien, está bien. Tengo una idea para ti.	
	我先问问您 Déjame preguntarte primero,	
	想当初这个盗令出关的时候您那个主意，他打哪来的呢 ¿cómo se te ocurrió la idea de robar la flecha de mando?	

铁镜公主 Princesa Tiejing		
白 hablar	是打阿哥身上所起的 Fue por el pequeño príncipe.	

大国舅 El tío real mayor		
白 hablar	哦，是打阿哥身上所起的 Oh, fue por el pequeño príncipe.	
	如今要救驸马爷啊，还得从阿哥身上来 Necesitarás la ayuda del pequeño príncipe de nuevo si quieres salvar la vida de tu esposo.	

续表

铁镜公主 Princesa Tiejing		
白 hablar	哟，这阿哥身上怎么来呢 Ah, ¿cómo podría ayudar el pequeño príncipe?	
大国舅 El tío real mayor		
白 hablar	听我跟您说啊 Escúchame	
铁镜公主 Princesa Tiejing		
白 hablar	您倒是快点说啊 ¡Dímelo rápido!	
大国舅 El tío real mayor		
白 hablar	待会啊，您把这小阿哥，就往老太后身上这么一扔 Cuando la encuentres, toma al pequeño príncipe y lánzalo hacia la emperatriz.	
	您就拔出宝剑来假装寻死 Luego, saca la Preciosa Espada y, fingiendo suicidarte,	
	您就说：老太后不赦驸马爷，我不活着啦 Dígale: "Si la su majestad no perdona a mi esposo, ¡yo tampoco viviré! ¡Me mataré!	
	我要自杀，我要抹脖子 ¡Me cortaré la garganta!"	
	这老太后一心疼小阿哥 Su majestad no querría privar a su pequeño príncipe favorito de su madre.	
	她兴许啊，就把这驸马爷给赦了 ¡Quizás ella perdonaría a tu esposo por eso!	
铁镜公主 Princesa Tiejing		

续表

白 hablar	哟，这阿哥身上怎么来呢 Ah, ¿cómo podría ayudar el pequeño príncipe?
	你得了吧，她要是摔了我儿子，我可舍不得 ¿Estás bromeando? ¡No me atrevo a arriesgarme a que ella lo deje caer!
二国舅 El tío real menor	
白 hablar	不明白哟 No entiendes.
大国舅 El tío real mayor	
白 hablar	如今啊，您要是舍不了小的，你可就救不了老的 Ha llegado a esto: si no arriesgas al pequeño, ¡no salvarás a su padre!
二国舅 El tío real menor	
白 hablar	这话又说的回来拉，你要舍了小的，救了老的 Dicho de otra manera, si sacrificas al pequeño príncipe y con eso salvas a tu esposo,
	往后，何愁没有小的 ¡tendrás más hijos en el futuro!
铁镜公主 Princesa Tiejing	
白 hablar	哎呦，别胡说了，那你们可都得拦着点 ¡No digan tonterías! ¡Ahora, ustedes dos tienen que ayudarme!
大国舅、二国舅 El tío real mayor y el tío real menor	
白 hablar	是得拦着点啊 ¡Está bien!
铁镜公主 Princesa Tiejing	

白 hablar	罢 Ya verás.
唱 cantar	阿哥摔与老娘亲 ¡Lanzaré al pequeño Príncipe a mi madre!
白 hablar	母后，您栗是再不赦朋 我也不活着啦！我抹脖子了 Madre, si no perdonas a mi esposo, yo tampoco viviré, ¡me mataré!
大国舅、二国舅 El tío real mayor y el tío real menor	
白 hablar	公主，别介别介 ¡Princesa, no!
萧太后 Emperatriz Xiao	
白 hablar	赦了、赦了、赦了 ¡Le perdono! ¡Le perdono! ¡Le perdono!
大国舅、二国舅 El tío real mayor y el tío real menor	
白 hablar	公主，赦了 ¡Princesa, su esposo ha sido perdonado!
铁镜公主 Princesa Tiejin	
白 hablar	赦了？ 那我就不死了 ¿Ha sido perdonado? Entonces no necesito suicidarme.
二国舅 El tío real menor	
白 hablar	蒂根儿就蒙事啊 Era solo una broma.
大国舅 El tío real mayor	
白 hablar	蒙事啊！哎，来来来来来 ¡Solo una broma! Ah, vamos, vamos, vamos.
铁镜公主 Princesa Tiejing	

续表

白 hablar	哎？干什么呀 ¿Ah? ¿Qué están haciendo?	
大国舅 El tío real mayor		
白 hablar	我给驸马爷松捆哪 Estoy desatando a tu esposo.	
铁镜公主 Princesa Tiejing		
白 hablar	别胡巴结差事了！齁脏的手脏 ¡Detente! ¡Mira tus manos sucias!	
大国舅 El tío real mayor		
白 hablar	这会嫌我们手脏了 ¡Ahora te preocupan nuestras manos sucias!	
二国舅 El tío real menor		
白 hablar	那是你巴结砸了 ¡Vaya pelota!	
大国舅 El tío real mayor		
白 hablar	说的是啊 Tienes razón.	
二国舅 El tío real menor		
白 hablar	唉唉唉，驸马爷，您上这边干什么呀？ Ah, príncipe consorte, ¿qué haces aquí?	
杨延辉下 Yanhui Yang sale.		
大国舅 El tío real mayor		
白 hablar	漫天的云雾散 hablar La bruma sin límites se dispersa y desaparece.	

续表

二国舅 El tío real menor		
白 hablar	没事儿了 hablar Nuestro problema ha sido resuelto.	
铁镜公主 Princesa Tiejing		
白 hablar	二位国舅啊 hablar ¡Vosotros dos tíos reales!	
大国舅、二国舅 El tío real mayor y el tío real menor		
白 hablar	公主 hablar ¡Princesa!	
铁镜公主 Princesa Tiejing		
白 hablar	驸马是赦了，母后还在那生着气呢 hablar Aunque madre perdonó a mi esposo, sigue enfadada.	
	小阿哥我接不过来，这可怎么办啊 No me devolverá al pequeño Príncipe. ¿Qué puedo hacer?	
大国舅 El tío real mayor		
白 hablar	您二位谁跟谁啊，您过去陪个笑脸请个安，抹个稀泥不就得了 hablar Eres su hija. Simplemente ve, sonríe y desea que esté bien de salud, dile algo dulce.	
白 hablar	对啦 hablar ¡Eso es!	
铁镜公主 Princesa Tiejing		
白 hablar	请个安就得了 ¿Solo desearle buena salud?	

续表

大国舅 El tío real mayor		
白 hablar	请个安就得了 Eso.	

铁镜公主 Princesa Tiejing		
白 hablar	那咱们试试 Entonces lo intentaré.	

大国舅、二国舅 El tío real mayor y el tío real menor		
白 hablar	试试 Inténtalo.	

铁镜公主 Princesa Tiejing		
白 hablar	我说母后，方才就因为您不赦驸马，儿臣我一时的莽撞得罪您了 Madre, hace un momento, porque no querías perdonar al Príncipe consorte, hice algo precipitado y te disgusté.	
	没什么说的，我们这给您请安啦 No tengo excusas para mí misma, solo quiero desearte buena salud.	

大国舅 El tío real mayor		
白 hablar	纺丝吊面儿——不理 Ni caso.	

铁镜公主 Princesa Tiejing		
白 hablar	我说二位国舅啊，不行啊，把脸调过去了 ¡Mis dos tíos reales! ¡No funciona! Ella miró para otro lado.	

二国舅 El tío real menor		

续表

白 hablar	不要紧的，公主，您哪，给他来个迎头堵 No importa. Princesa, simplemente háblale directamente.	
铁镜公主 Princesa Tiejing		
白 hablar	那就能行了 ¿Funcionaría?	
二国舅 El tío real menor		
白 hablar	唉，我这边风水好 Sí, el fengshui es bueno desde esta posición.	
铁镜公主 Princesa Tiejing		
白 hablar	那咱们再试试 Entonces, intentémoslo de nuevo.	
大国舅、二国舅 El tío real mayor y el tío real menor		
白 hablar	再试试 Inténtalo de nuevo.	
铁镜公主 Princesa Tiejing		
白 hablar	得了，母后，您还跟小孩子生气吗 Está bien. Madre, ¿estás enojada con tu hija?	
	得啦！我这里给你请安啦 Perdóneme. ¡Estoy aquí deseándote buena salud!	
二国舅 El tío real menor		
白 hablar	骆驼打哈欠 扭过脖去啦 Ella ha vuelto a girar su rostro.	
大国舅 El tío real mayor		
白 hablar	公主啊，是事不过三，你当中间再来一蹲 Princesa, recuerda que a la tercera va la vencida. Deberías intentarlo una tercera vez desde el lugar en el centro.	

续表

铁镜公主 Princesa Tiejing		
白 hablar	得了得了，甭胡指使我了，腿都疼了 ¡Basta! No me digas qué hacer. ¡Me duelen las piernas!	

二国舅 El tío real menor		
白 hablar	公主，您听我给您说 Princesa, por favor, escúchame.	
	这个给人赔礼道歉的时候，那得是满脸陪笑 La gente sonríe cuando pide disculpas. ¡Deberías verte feliz y sonreír!	

铁镜公主 Princesa Tiejing		
白 hablar	还得乐着点 ¿Debo parecer feliz y sonreír?	

大国舅 El tío real mayor		
白 hablar	是啊，您这么一乐啊，就招的老太后乐了 Sí. Su majestad estará feliz una vez que tú estés feliz.	
	老太后一乐，我们大家伙可就乐了 Todos estaremos felices si la emperatriz está contenta.	

铁镜公主 Princesa Tiejing		
白 hablar	那你们可都得帮着点 Deberíais ayudarme entonces.	

大国舅、二国舅 El tío real mayor y el tío real menor		
白 hablar	是得帮着点 ¡Sin duda te ayudaremos!	

铁镜公主 Princesa Tiejing		
白 hablar	那咱们就再试试 ¿Lo intento una vez más?	

续表

大国舅、二国舅 El tío real mayor y el tío real menor		
白 hablar	再试试 Inténtalo.	
铁镜公主 Princesa Tiejing		
白 hablar	我说母后，您别生气而来 Querida madre, por favor no estés enojada conmigo.	
	您把阿哥赏给咱们吧 ¡Por favor, otórgame al pequeño príncipe!	
	我这里给您请安啦 ¡Estoy aquí deseándote buena salud!	
大国舅、二国舅 El tío real mayor y el tío real menor		
白 hablar	乐着点儿，乐着点儿，乐着点儿，成了 ¡Más feliz, sé más feliz! ¡Funcionó!	
杨延辉上 Yanhui Yang entra.		
杨延辉 Yanhui Yang		
唱 cantar	适才太后问斩刑 Su majestad estaba a punto de matarme justo ahora.	
	多蒙公主讲人情 Gracias a la princesa por suplicar misericordia en mi nombre.	
	未谢太后先谢你 ¡Le agradeceré a ella antes de agradecer a su majestad	
白 hablar	啊公主，适才太后要斩本宫，我这里谢谢了，请安了 Princesa, su majestad estaba a punto de matarme justo ahora. ¡Muchas gracias y te deseo buena salud!	
唱 cantar	公主啊！我母道你是个贤德的人哪 ¡Princesa! Mi madre habla muy bien de ti.	

续表

铁镜公主 Princesa Tiejing		
白 hablar	驸马 Mi amor.	
唱 cantar	母后得罪咱家赔礼 Si mi madre te ofendió, debería disculparme en su nombre.	
白 hablar	驸马，方才是我母后一时的愤怒，得罪您啦 Hace un momento mi madre estaba furiosa contigo por un corto tiempo.	
	没什么说的！我们这儿给你请安啦 ¡Perdón si te ofendió! ¡Te deseamos buena salud!	
	赔礼啦！驸马 ¡Lo siento, querido!	
唱 cantar	千万莫要记在心 Por favor, no te importe.	

杨延辉 Yanhui Yang		
唱 cantar	夫妻双双银安进 Entrando al Palacio Yin-an con mi esposa, haré una reverencia y agradeceré a su majestad por su perdón.	
	叩谢太后不斩恩 y agradeceré a su majestad por su perdón.	

萧太后 Emperatriz Xiao		
白 hablar	杨四郎，赐你令箭一只，把守北天门 Yang, te otorgo una flecha de mando para guardar el Paso del Norte Cielo.	
	要是再回营探母啊，小心你的脑袋 Si te atreves a encontrarte con tu madre de nuevo, ¡cuidado con tu cabeza! ¡Puedes irte ahora!	
	退班 Retírense	

续表

杨延辉 Yanhui Yang		
白 hablar	谢太后 ¡Gracias, majestad	
众人与萧太后同下 Xiao y los demás salen.		
铁镜公主 Princesa Tiejing		
白 hablar	听见了没有，这回饶了你 ¿Escuchaste las palabras de madre? Esta vez te perdonaron.	
	再要是回营探母啊 Si vas a encontrarte con tu madre de nuevo, entonces...	
杨延辉 Yanhui Yang		
白 hablar	怎么样啊 ¿Entonces qué?	
铁镜公主 Princesa Tiejing		
白 hablar	可想着早点回来 ¡Entonces asegúrate de volver más temprano!	
杨延辉 Yanhui Yang		
白 hablar	多谢公主 ¡Gracias, mi princesa!	

杨延辉与铁镜公主同下
Yanhui Yang y la princesa Tiejing salen juntos.

剧终
FIN

Bibliografía

Bartoll Teixidor, *Eduard. Introducción a la traducción audiovisual.* Editorial UOC, 2016.

Dent, E. J. "The Translation of Operas", *Proceedings of the Musical Association* 61 (1934): 81–104.

Griffel, Margaret Ross. *Operas in English: A Dictionary.* Scarecrow Press, 2013.

Şerban, Adriana & Yue Chan, Kelly Kar. *Opera in Translation Unity and diversity,* John Benjamins, 2020.

Torres López, Rondy Felipe & Alzate Cadavid, Carolina. *José María Ponce de León y la ópera en Colombia en el siglo XIX.* Universidad de los Andes, 2014.

北京市艺术研究院 (编). 荀尚筱艺术论集 : 名旦风采 . 北京燕山出版社 , 1996.

陈幼韩 . 戏曲表演美学探索 . 中国戏剧出版社 , 1985.

傅谨 . 京剧学初探 . 文化艺术出版社 , 2011.

傅谨 . 京剧学前沿·续篇 . 中国戏剧出版社 , 2019.

彭萍 . 社会叙述理论与京剧英译和传播 . 中译出版社 , 2019.

孙萍 . 中国京剧百部经典英译系列 : 打渔杀家 . 中国人民大学出版社 , 2012.

涂沛 . 中国戏曲表演史论 . 文化艺术出版社 , 2002.

Anexo. Título de óperas de Beijing en español

巴骆和	*Reconciliación entre ba y luo*
霸王别姬	*El rey se despide de su favorita*
灞桥挑袍	*Levantando la túnica dada con sable en el puente de Baling*
白良关	*Paso de Bailiang*
白马坡	*Batalla en la ladera de Baima*
白蛇传	*La serpiente blanca*
白水滩	*La playa de Baishui*
宝莲灯	*La linterna de loto*
草桥关	*Paso de Caoqiao*
陈丽卿	*Chen Liqing*
赤桑镇	*Pueblo Chisang*
春草闯堂	*Chun Cao irrumpe en la sala*
春秋笔	*El pincel honesto*
翠屏山	*Montaña Cuiping*
打曹豹	*Luchando contra Caobao*
打登州	*Ataque a la ciudad de Dengzhou*
打店	*Pelea en la posada*
打棍出箱	*La resurrección*
打花鼓	*Golpeando el tambor de flores*
打金砖	*Golpeando al emperador con un ladrillo dorado*
打龙袍	*Golpeando al traje de dragón*

续表

打渔杀家	*La venganza del pescador*
大破铜网阵	*La táctica de romper la formación de la red de latón*
单刀会	*Asistiendo al banquete solo*
挡马	*Deteniendo el caballo*
盗御马	*Robando el caballo imperial*
得意缘	*Dardos para hombres y mujeres*
钓金龟	*El cuento de una tortuga*
定军山	*La batalla en la montaña Dingjun*
杜十娘	*Du Shiniang*
断臂说书	*Wangzuo se corta el brazo*
对花枪	*Lanza de plata*
峨眉剑	*La espada de Emei*
二进宫	*Segunda entrada al palacio*
二堂舍子	*Salvando a Chen Xiang*
法门寺	*Templo Famen*
反西凉	*Rebelión en Xiliang*
反徐州	*Rebelión en Xuzhou*
贩马记	*La experiencia del comercio de caballos*
飞虎山	*Montaña Feihu*
汾河湾	*El recodo del río fen*
凤还巢	*El fénix regresa a su nido*
凤仪亭	*Pabellón Fengyi*
甘宁百骑劫魏营	*El ataque de Gan Ning al campamento de Cao con cien jinetes*
古城会	*Encuentro en la ciudad de Gucheng*

贵妃醉酒	*La concubina imperial se embriaga*
汉津口	*Estuario de Hanjin*
贺后骂殿	*La emperatriz viuda He critica el trono*
红娘	*La casamentera*
洪羊洞	*La cueva Hongyang*
蝴蝶杯	*La copa de la mariposa*
扈家庄	*La aldea Hu*
华容道	*Camino de Huarong*
荒山泪	*Derramando lágrimas en la montaña estéril*
回荆州	*Volver a Jingzhou*
击鼓骂曹	*Regañando a Cao Cao golpeando un tambor*
祭江	*Sacrificio al río*
将相和	*Reconciliación entre el general y el primer ministro*
蒋干盗书	*Jiang Gan roba una carta*
借东风	*Pidiendo el viendo de este*
金玉奴	*Jinyunu*
荆轲传	*La biografía de Jing Ke*
九龙杯	*La copa de los nueve dragones*
空城计	*La estratagema de la ciudad vacía*
雷峰塔	*Torre Leifeng*
李陵碑	*La lápida de Liling*
连环套	*El estratagema de los anillos entrelazados*
两将军	*Dos generales*
刘金定	*Liu Jinding*

续表

六月雪	*Nieve en pleno verano*
龙凤呈祥	*Gran boda en el campamento enemigo*
龙虎斗	*La lucha entre el dragón y el tigre*
芦中人	*La gente de los juncos*
骆马湖	*Lago Luo Ma*
马上缘	*Romance a Caballo*
牧虎关	*Paso de Muhu*
穆桂英挂帅	*Mu Guiying Toma el Mando*
穆柯寨	*La aldea Muke*
穆天王	*La reina celestial*
闹天宫	*El caos en el cielo*
娘子军	*El ejército de mujeres*
牛皋招亲	*Niugao se casa*
女起解	*Una mujer escoltada para el juicio*
破洪州	*Levantando el sitio de Hongzhou*
七星庙	*El Templo de las Siete Estrellas*
奇双会	*Li Qi reuniéndose con su hijo e hija*
棋盘山	*Monte Qipan*
青石山	*La montaña azul*
青霜剑	*Espada Qingshuang*
清风亭	*Pabellón Qingfeng*
清官册	*Lista de funcionarios honrados*
琼林宴	*Banquete en Qionglin*
秋江	*Río de otoño*

取洛阳	*La Captura de la ciudad de Luoyang*
群英会	*El encuentro de los héroes*
人面桃花	*Rostro como flor de durazno*
三岔口	*En la encrucijada*
三击掌	*El tercer golpe de palma*
三娘教子	*Sanniang educa a su hijo*
三休樊梨花	*Fan Lihua abandonada*
桑园会	*El encuentro en el campo de moreras*
桑园寄子	*Despidiendo al hijo en el jardín de moreras*
佘塘关	*El Paso Shetang*
审李七	*Interrogando a Li Qi*
审头刺汤	*Asesinando a Tang para obtener la aprobación de una cabeza*
失街亭	*La pérdida de Jieting*
十老安刘	*Diez mayores estabilizan la familia imperial*
十字坡	*La pendiente del león*
拾玉镯	*Recogiendo la pulsera de jade*
双钉记	*La historia de las uñas gemelas*
水淹七军	*Ahogando a las siete armadas*
四进士	*Cuatro candidatos exitosos del examen imperial*
四郎探母	*Yang Yanhui visita a su madre*
四平山	*Montaña Siping*
泗州城	*La ciudad de Sizhou*
搜孤救孤	*Buscando y rescatando al huérfano*
苏三起解	*Susan se encuentra en juicio*

续表

苏武牧羊	*Su Wu pastoreando ovejas*
算粮	*Revisando los cereales*
锁麟囊	*El monedero de joyas*
锁五龙	*Ejecución de Xiongxin*
太君辞朝	*Despidiéndose de la corte*
太真外传	*El cuento de Taizhen*
桃花村	*El pueblo de Taohua*
桃花扇	*El abanico de flores de durazno*
天女散花	*La doncella celestial esparce flores*
挑滑车	*Carros en caída*
铁弓缘	*El arco de hierro*
铁笼山	*Montaña Tielong*
瓦口关	*Paso de Wakou*
望儿楼	*El anhelo de una madre por el regreso de su hijo*
望江亭	*El pabellón del río*
温酒斩华雄	*Cortando a Hua Xiong esperando ansiosamente el enfriamiento de la bebida*
文姬归汉	*Wen Ji regresa a Han*
问樵闹府	*Recatando a la cónyuge*
乌龙院	*Patio del dragón negro*
乌盆记	*La injusticia*
无底洞	*El abismo*
伍子胥	*Wu Zixu*
武家坡	*En el monte Wujia*
西施	*Xi Shi*

续表

西厢记	*El romance de la cámara oeste*
相思寨	*El pueblo enamorado*
湘江会	*El Encuentro en el río Xiang*
祥梅寺	*Templo Xiangmei*
萧何月下追韩信	*Xiao He persigue a Han Xin bajo la luz de la luna*
小上坟	*Visitando la tumba pequeña*
徐策跑城	*Xu Ce corre en la muralla de la ciudad*
徐母骂曹	*La madre de Xu Shu regaña a Cao Cao*
浔阳楼	*Edificio Xunyang*
艳阳楼	*La Torre de Yanyang*
雁翎甲	*La armadura de plumas de ganso*
阳平关	*El Paso de Pingyang*
摇钱树	*El árbol del dinero*
野猪林	*El bosque del jabalí salvaje*
一箭愁	*Una flecha de odio*
一捧雪	*Un puñado de nieve*
游龙戏凤	*El dragón juguetón tienta al fénix*
游园惊梦	*Sueño en el jardín desierto*
宇宙锋	*La espada cósmica*
玉堂春	*Yu Tangchun*
遇皇后	*Encuentro con la emperatriz*
御碑亭	*El pabellón de la estela imperial*
辕门斩子	*El general Yang Yanzhao ejecuta a su hijo*
铡美案	*Ejecución de Chen Shimei*

续表

斩马谡	*Ejecución de Ma Su*
斩颜良	*Cortando a Yan Liang*
战冀州	*La batalla en la ciudad de Jizhou*
战濮阳	*Batalla en Puyang*
战太平	*La Batalla en Taiping*
战宛城	*La batalla en la ciudad de Wancheng*
战渭南	*La batalla en la orilla sur del río Weishui*
战长沙	*La batalla en la ciudad de Changsha*
长坂坡	*La Pendiente de Changban*
赵氏孤儿	*Historia del huérfano*
珍珠烈火旗	*La bandera de perla y fuego*
周仁献嫂	*Zhou Ren dedicando a su cuñada*
诛文丑	*Matando a Wen Chou*
赚历城	*Capturando la ciudad de Licheng por engaño*
状元谱	*Historia de Chen Daguan*
捉放曹	*Captura y liberación de Cao Cao*
走麦城	*Derrota en la ciudad de Maicheng*
坐楼杀惜	*Song Jiang mata a Yan Xijiao*